CW00517985

Do It Yourself

Beginner-Level Japanese Grammar Review

English Edition

英語版

重野美枝・関かおる・錦見静恵 著

ひとりでできる
初級
日本語文法の復習

スリーエーネットワーク

Published by 3A Corporation.
Trusty Kojimachi Bldg., 2F, 4, Kojimachi 3-Chome, Chiyoda-ku, Tokyo
102-0083, Japan

ISBN978-4-88319-541-1 C0081

First published 2010
Printed in Japan

はじめに

初級文法項目の学習を一通り終え、中上級に進む前に、学習したことを定着させたい方、またその定着を確認するために日本語能力試験を受験される方も多いことと思います。

本書は、そのような状況を踏まえて2005年に『完全マスター３級　日本語能力試験文法問題対策』として出版されたものですが、日本語能力試験の改定を機に、初級文法項目整理のための教材として修正追加を加え、新たに『ひとりでできる　初級日本語文法の復習　英語版』として改訂出版の運びとなりました。

簡潔でわかりやすいとご好評をいただいた英文による説明に加え、今回、新たに例文にも英訳をつけたことによって、教室で教師の下で学習する場合に限らず、予習、復習、あるいは独習用としてもさらに使いやすいものになっています。また、一部項目や語彙の見直しも同時に行いました。

作成に当たりまして、スリーエーネットワークの藤井晶子さん、堤由子さん、佐野智子さんをはじめとする皆様に有益なご助言とご指導をいただきましたことを、ここに改めて厚く御礼申し上げます。

本書が初級文法項目を総復習したい、あるいは効率的に学習したい方々、またご指導に当たられる先生方に少しでもお役に立つことができれば何よりと思います。何かと不十分な点、多々あるかと思いますが、お気づきの点、ご意見などいただければ幸いです。

2010年5月

重野美枝
関かおる
錦見静恵

Introduction

The number of Japanese learners who have finished studying basic Japanese grammar and wish to confirm their knowledge, as well as take the Japanese Language Proficiency Test (JLPT) to confirm their ability before moving on to more advanced study, is increasing.

This book, originally published in 2005 as "Complete Master Level 3 of the Japanese Language Proficiency Test: Grammar Exercises", was developed for that exact purpose. It was made specifically for Level 3 of the JLPT. Since that time, there have been revisions to the JLPT. We have decided to take this opportunity to revise the book and turn it into an elementary grammar review. After various revisions and improvements, the book is now available to the general public under the title of "Do It Yourself: Beginner-Level Japanese Grammar Review - English Edition".

This popular, concise study guide consists of explanations in English and now includes the translation of the example sentences as well. This will help learners to be able to learn even when they do not have a teacher to help them. These translations should help the Japanese learners to prepare and to review for their class or to use the book for self-study. The phrases as well the vocabulary used in this study guide have been updated as well.

We would like to particularly thank Ms. Akiko Fujii, Ms. Yoshiko Tsutsumi, and Ms. Tomoko Sano, amongst others, at 3A Corporation for their helpful and instructive advice on completing this book.

If this book helps to make the study of elementary grammar as effective as possible for the learners, and also aids teachers in the classroom, we will be delighted. If you have any comments or opinions concerning this book, please contact us.

May 2010

Mie Shigeno

Kaoru Seki

Shizue Nishikimi

本書をお使いになる方々へ

本書は当初、旧日本語能力試験３級文法対策用として作成されたものですが、試験対策に限定することなく、日本語学習者が、初級文法・文型の整理、復習をしながら無理なく確実に力をつけていくことができるように配慮して作成されています。

本書は大きく７つのPARTに分かれています。PARTⅠ～Ⅴでは、文型に伴う活用形の種類や文型の持つ機能ごとに項目が提出してあり、PARTⅥでは助詞、また、PARTⅦではその他の文法事項を扱っています。各項目には１～118までの番号をつけ、関連項目などの参照の際の便宜を図りました。

なお、項目の選定にあたっては、過去の試験問題（主に1995年以降）を「日本語能力試験出題基準」で示された３級（一部４級を含む）の文法、表現文型ごとに分類、整理することで出題傾向を把握し、そのうえで特に重要と思われるものを取り上げました。

１．使用語彙と表記

例文、練習問題ともに、語彙は原則として「日本語能力試験出題基準」で示された３級語彙範囲内のものを使用しています。（日常よく使用されるカタカナ語や食べ物、飲み物、日用品の名称などについてはその限りではありません。）また、表記に関しても、原則として「日本語能力試験出題基準」で示された３級漢字については漢字表記とし、それ以外のものはひらがな表記としました。そして、漢字が苦手な学習者でも無理なく文法学習に集中できるよう、漢字にはすべて振り仮名がつけてあります。

2. 解説ページ

各項目には以下の内容が含まれています。

なお、1つの項目に複数の表現が含まれており、それぞれ別に説明したほうがわかりやすいと判断した場合は、[1]、[2]、[3]に分けました。

意味 英語で示してあります。1つの項目に複数の意味がある場合には、[A]、[B]、[C]に分けました。意味だけでは不十分な場合や、的確な意味が与えられない場合は、説明を< >に入れて示しました。

接続 1）接続は、動詞（V）、い形容詞（い-adj）、な形容詞（な-adj）、名詞（N）の4品詞について示しました。
接続の各品詞の形については、必ずしも文法的に可能な形を網羅的に取り上げるのではなく、初級終了レベルの学習者に必要と思われる範囲で示してあります。

2）品詞・活用形は、原則として次のように表示しました。

【動詞（V）】

Vない-form	いわない
Vない-form(〜~~ない~~)	いわ
Vます-form	いいます
Vます-form(〜~~ます~~)	いい
Vdictionary form	いう
Vvolitional form	いおう
Vて-form	いって
Vた-form	いった

【い形容詞（い-adj）】

い-adj	やすい
い-adj(〜~~い~~)	やす

【な形容詞（な-adj）】

な-adj	ひまな
な-adj（〜~~な~~）	ひま

【名詞（N）】

N	あめ

※丁寧形・普通形については、PART I（6）普通形（p.58）参照。なお、な形容詞（な-adj）および名詞（N）の普通形非過去については次のように表示してあります。

plain form non-past	な-adj	ひまだ
	な-adj（〜~~だ~~）	ひま
	N	あめだ
	N（〜~~だ~~）	あめ

➡例文　接続で示した品詞の順に提出し、それぞれ英訳がつけてあります。

【練習問題】　原則として各項目の最後に、その項目の活用形、接続、意味など、基本的な内容理解を確認するための練習問題をつけました。（複数の項目をまとめて練習問題がつけてある場合もあります。）

その他
- cf.　形の似ているものなど、関連項目を挙げる場合は、cf. で示しました。
- ☑　使い分けなどの補足説明は、☑で示しました。
- ＊　活用形の例外については、＊で示しました。

3. 問題

項目ごとの練習問題のほかに、各パートの終わりには、そのパートで学習した項目の使い分けなどを問う設問を含むやや応用的な練習問題がついています。さらに、巻末には全学習項目のまとめとなる総合練習問題が4回分ついており、総合復習にご利用いただけます。

4. 解答

その場ですぐに答え合わせができるように、各ページの一番下に載せてあります。パートごとの練習問題および巻末の総合練習問題の解答には、関連項目の番号を併記し、参照の際の便宜を図りました。

To Users of This Textbook —Explanatory Notes—

This book was initially designed for Japanese language learners aiming to take Level 3 of the former Japanese Language Proficiency Test. However, it enables any Japanese language learners, not only applicants for the JLPT, to improve their proficiency in Japanese easily and with certainty by revising basic grammar and sentence patterns.

This book consists of 7 Parts: in Parts I to V, the grammatical items or structures are arranged according to the verb conjugation found in the sentence pattern or its function; Part VI explains particles; and Part VII other grammatical points. Each grammatical structure is numbered (1〜118) for easy reference.

In the process of selecting the grammatical structures, past test questions (especially those after 1995) were analyzed and classified according to mainly Level 3 grammar and expression patterns (sometimes Level 4 materials were also included) as listed in the Japanese Language Proficiency Test: Test Content Specifications. The classification chosen facilitates item recognition with all important items being covered in this book.

1. Vocabulary and Writing System

Example sentences and exercises, as a rule, contain only the vocabulary that appeared in the Vocabulary List for Levels 3 and 4 of the Japanese Language Proficiency Test (exceptions being katakana words and names of drinks, food, commodities, etc., often used in daily conversation). With regards to the writing system, Kanji characters are limited to those of Levels 3 and 4 with hiragana being used in place of more advanced Kanji. All Kanji characters are shown with their hiragana readings, so that learners who are weak in Kanji can concentrate on the grammatical points.

2. Structure Presentation

Each grammatical structure is presented as follows:

Where differences exist, each item is listed and numbered (1, 2, 3) and treated individually.

Meaning

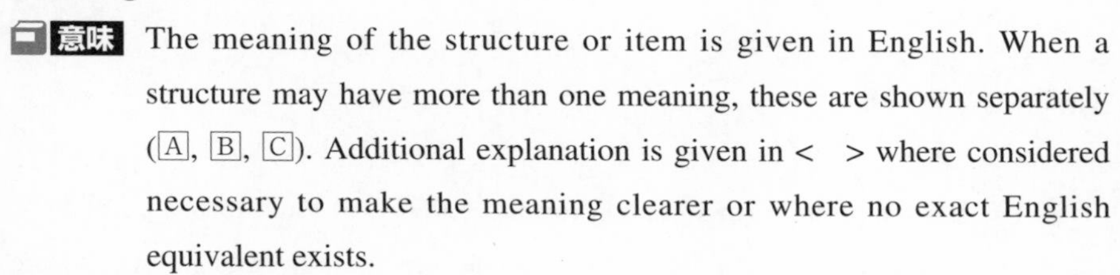

意味 The meaning of the structure or item is given in English. When a structure may have more than one meaning, these are shown separately (A, B, C). Additional explanation is given in < > where considered necessary to make the meaning clearer or where no exact English equivalent exists.

Conjunctive forms

接続 1) The way of connecting the stem and ending forms of the structure is shown based on the following four parts of speech: verb (V), i-adjective (い-adj), na-adjective (な-adj) and noun (N); however, this does not always cover all possible ways of connecting the structure. Only useful ways for learners who have just completed studying elementary grammar are shown.

2) Parts of speech and conjunctive forms, as a rule, are shown as follows:

【verb（V）】

Vない-form	iwanai	(いわない)
Vない-form (～~~ない~~)	iwa	(いわ)
Vます-form	iimasu	(いいます)
Vます-form (～~~ます~~)	ii	(いい)
Vdictionary form	iu	(いう)
Vvolitional form	ioo	(いおう)
Vて-form	itte	(いって)
Vた-form	itta	(いった)

【い-adjective（い-adj）】

い-adj	yasui	（やすい）
い-adj（〜~~い~~）	yasu	（やす）

【な-adjective（な-adj）】

な-adj	himana	（ひまな）
な-adj（〜~~な~~）	hima	（ひま）

【noun（N）】

N	ame	（あめ）

※ For the polite form and plain form, see Part I (6) Plain form (p. 58).

The non-past plain forms of na-adjectives (na-adj.) and nouns (N) are shown as follows:

plain form non-past	な-adj	hima da	（ひまだ）
	な-adj（〜~~だ~~）	hima	（ひま）
	N	ame da	（あめだ）
	N（〜~~だ~~）	ame	（あめ）

Example Sentences

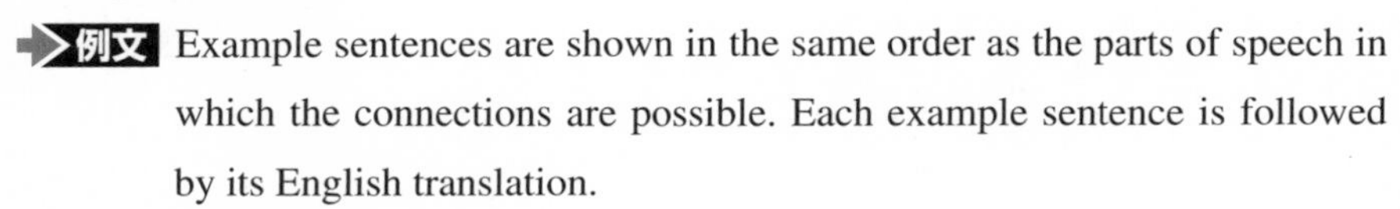

例文 Example sentences are shown in the same order as the parts of speech in which the connections are possible. Each example sentence is followed by its English translation.

Exercises

There are some exercises at the end of each structure examined to confirm basic understanding of conjugations and meanings. There are some cases where exercises appear after several structures and relate to all of them.

Note:

cf. Related structures such as a similar expression where comparison should be made are shown after cf.

☑ Additional explanations such as a difference of usage between expressions are shown after ☑.

＊ Irregular forms for conjugations are shown after ＊.

3. Exercises

In addition to the exercises for each grammatical structure, at the end of every section, there are practical exercises that check for proper usage of the structures studied. Also, at the end of the book, there are four sets of exercises covering all grammatical structures studied in this book, which can be used for overall revision.

4. Answers

The answers to the exercises appear at the bottom of each page so that the user can easily check his/her answers. These answers are shown for questions appearing at the end of each section and at the end of the book, with the serial number of the related structures also given for easy reference.

本書の使い方

本書は日本語の初級文法を独習する人のために作られています。学習者のニーズに応じて以下のように使うことができます。

（1）初級文法項目学習後の実力確認として

（2）初級文法項目学習後の復習として

（3）初級文法項目を整理する参考書として

そのため、本書の使用にあたっては、どの項目からも始めることが可能です。また、不明な点は、項目につけられた番号のところに戻って、すぐに確認することができるので、学習者にとってわかりやすい構成になっています。初級文法を指導なさっている現職日本語教師の方々には、文法項目の整理と確認の参考書としてお使いいただくことができます。また、新しい日本語能力試験準備用としてもお使いいただけます。以下にその具体的な使用法の例をご説明いたします。

（1）初級文法項目学習後の実力確認として：★各パートの【練習問題】から解く

① 各パートの【練習問題】を解く

② 解答を確認する

③ 間違えた問題については、項目の番号のところに戻り、再度、文法事項を確認する

④ 巻末の【総合練習問題】を解く

（2）初級文法項目学習後の復習として：★各項目の【練習問題】から解く

① 各項目の【練習問題】を解く

② 解答を確認する

③ 間違えた問題については、項目の意味、接続に戻り、確認する

④ 各パートの【練習問題】を解く

⑤ 解答を確認する

⑥ 巻末の【総合練習問題】を解く

（3）初級文法項目を整理する参考書として：★【項目】の初めから見る

① 各項目の意味や接続を確認する
② 例文で確認する
③ 項目の【練習問題】を解き、解答を確認する
④ 間違えた問題については、項目に戻って確認する
⑤ 各パートの【練習問題】を解く
⑥ 間違えた場合は、各項目に戻り、再度、意味、接続などを確認する
⑦ 巻末の【総合練習問題】を解く

How to Use This Book

This Grammar Exercise Textbook is aimed at people studying basic Japanese grammar by themselves. It can be used in the following ways according to the needs of the learner:

(1) As a textbook for those who have already finished studying basic Japanese grammar and wish to comfirm whether they are able to understand it,

(2) As a textbook for those who have already finished studying basic Japanese grammar and wish to review it, or

(3) As a reference guide for learners who wish to organize the topics of basic Japanese grammar.

For these reasons, this textbook can be started from any point or section. Also, the learner can go to related sections to check any unclear points. This textbook is constructed in such a way that the learner can readily understand the point or structure being studied.

For teachers of Japanese, this book can be used to organize and confirm the topics of basic Japanese grammar, and also to prepare for the new JLPT. Below are specific examples of how to use this book.

(1) As a textbook for those who wish to confirm their knowledge of basic Japanese grammar

★ **Start from the practice exercises for each section of the book.**

① Do the practice exercises for each section of the book.

② Check the answers.

③ If any answers are wrong, go back to the grammatical structure concerned and check the grammar points once again.

④ Do the comprehensive exercises at the end of the book.

(2) As a textbook for those who wish to review basic Japanese grammar:

★ **Start from the practice exercises for each grammatical structure.**

① Do the practice exercises for each grammatical structure.

② Check the answers.

③ If any answers are wrong, check the meaning of the grammatical structure and refer to how it connects with other grammatical items/structures.

④ Do the practice exercises for each section of the book.

⑤ Check the answers.

⑥ Do the comprehensive exercises at the end of the book.

(3) As a basic Japanese grammar reference guide:

★ **Start from the beginning of the grammatical structure concerned.**

① Check the meaning of the grammatical structure and how it connects with other grammatical items/structures.

② Use the example sentences to check your comprehension.

③ Do the practice exercises for the grammatical structure and check the answers.

④ If any answers are wrong, go back and check the structure.

⑤ Do the practice exercises for each section of the book.

⑥ If any answers are wrong, go back to the relevant structure and check the meaning and how it connects with other grammatical items/structures once again.

⑦ Do the comprehensive exercises at the end of the book.

目次 Contents

Part I

Part Ⅱ

Part Ⅲ

Part Ⅳ

Part Ⅴ

Part Ⅵ

Part Ⅶ

総合練習問題

Do It Yourself

Beginner-Level

Japanese Grammar Review

Part I (1) ます形(けい) ます-form

動詞(どうし)のグループ Verb groups

Group I	Group II		Group III
iます	eます	iます	します
いいます	たべます	みます	きます
いきます(go)	おしえます	います	
ききます	あけます	きます(put on)	
いそぎます	かたづけます	いきます(live)	
はなします	あげます	おきます(get up)	
まちます	しめます	できます	
しにます	とめます	すぎます	
よびます	やめます	おちます	
のみます	わすれます	あびます	
とります		おります(get off)	
		かります	
		たります	

☑ Most Group II verbs have the sound of "e" before "ます", but there are some verbs that have the sound of " i " instead. Verbs of the latter group that are often used at the beginner level are listed above.

01. ～かた

意味 how to ～

接続 Vます-form（～~~ます~~）かた

例文 ① この 漢字（かんじ）の 書（か）きかたを 教（おし）えて ください。
Please show me how to write this Chinese character.

② コピーきの 使（つか）いかたが わかりません。
I don't know how to use this photocopier.

【練習問題】

1）すみません、この 料理（りょうり）の＿＿＿かたを 説明（せつめい）して くださいませんか。

1．つくり　　2．つくって　　3．つくる　　4．つく

2）ヤンさんが「日本（にほん）の おふろの ＿＿＿かたは むずかしい」と 言（い）って いました。

1．入（はい）る　　2．入（はい）って　　3．入（はい）り　　4．入（はい）った

3）山田（やまだ）さんの ＿＿＿かたは とても わかりやすいです。

1．はな　　2．はなす　　3．はなして　　4．はなし

01　1）1　2）3　3）4

02. ～やすい・～にくい

接続 Vます-form(～~~ます~~)やすい／にくい

A **意味** easy to ～/ difficult to ～

例文 ① この 薬(くすり)は にがくないので、飲(の)みやすいです。
This medicine is easy to take because it isn't bitter.
② この 地図(ちず)は ふくざつで わかりにくいです。
This map is difficult to understand because it's complicated.

B **意味** be apt to ～ / not be apt to ～

例文 ① ガラスの コップは われやすいです。
Glass cups break easily.
② この 木(き)は もえにくいです。
This wood doesn't burn easily.

【練習問題】

1) 山田(やまだ)さんの じしょは 字(じ)が 大(おお)きくて ＿＿＿やすいです。
　1.みた　2.みて　3.みる　4.み

2) この 歌(うた)は ゆっくりなので とても ＿＿＿やすいですね。
　1.歌(うた)って　2.歌(うた)　3.歌(うた)い　4.歌(うた)う

3) 夏(なつ)は 食(た)べ物(もの)が 悪(わる)く＿＿＿やすいですから、気(き)を つけて ください。
　1.なる　2.なり　3.なって　4.なった

4) 私(わたし)の へやは 物(もの)が 多(おお)くて ＿＿＿にくいです。
　1.そうじし　2.そうじ　3.そうじして　4.そうじする

02　1) 4　2) 3　3) 2　4) 1

03. ～たい

意味 want to ～

接続 Vます-form(～~~ます~~)たい

例文
① 日本語(にほんご)が 上手(じょうず)に なりたいです。
I want to become good at Japanese.
② 旅行(りょこう)は したいですが、12時間(じかん)も ひこうきに 乗(の)りたくないです。
I want to go on a trip, but I don't want to spend as long as 12 hours on a plane.

【練習問題】

1）国(くに)へ 帰(かえ)っても、日本語(にほんご)の 勉強(べんきょう)を ＿＿＿たいです。
　1．つづき　　2．つづけ　　3．つづく　　4．つづける

2）人(ひと)が たくさん いる 所(ところ)に 赤(あか)ちゃんを つれて ＿＿＿ないです。
　1．いきたい　　2．いきたく　　3．いきたいく　　4．いきた

3）ねつが あっても 薬(くすり)は ＿＿＿ないです。
　1．飲(の)むたく　　2．飲(の)みたい　　3．飲(の)みたく　　4．飲(の)むたい

03　1）2　　2）2　　3）3

04. ～ながら

意味 while ～ing

接続 Vます-form（～~~ます~~）ながら

例文 ① コーヒーを 飲(の)みながら 新聞(しんぶん)を 読(よ)みます。
I read a newspaper while drinking coffee.
② けいたいで 話(はな)しながら 車(くるま)を 運転(うんてん)しては いけません。
Do not drive while talking on a mobile phone.

【練習問題】

1）使(つか)いかたが わからない ときは マニュアルを ＿＿＿ながら やって みて ください。

1．みて　　2．み　　3．みる　　4．みた

2）A：アイスクリームを ＿＿＿ながら こうえんを さんぽしませんか。
B：いいですね。そう しましょう。

1．食(た)べて　　2．食(た)べる　　3．食(た)べ　　4．食(た)べた

3）A：＿＿＿ながら 勉強(べんきょう)するのは たいへんでしょう？
B：はい、でも 国(くに)へ 帰(かえ)ってから、日本語(にほんご)の 先生(せんせい)に なりたいですから。
A：そうですか。がんばって ください。

1．働(はたら)き　　2．働(はたら)いて　　3．働(はたら)く　　4．働(はたら)いた

04　1）2　2）3　3）1

05. ～はじめる

意味 begin/start to ～

接続 Vます-form(～~~ます~~)はじめる

例文 ① じこで 止(と)まって いた 電車(でんしゃ)が やっと 動(うご)きはじめました。
The train that stopped due to an accident finally began to move.

② あしたまでの レポートを やっと 書(か)きはじめた ところです。
I am finally at the point of starting to write the report that is due tomorrow.

06. ～だす

意味 (suddenly) begin/start to ～

接続 Vます-form(～~~ます~~)だす

例文 ① 駅(えき)に 着(つ)いたら、急(きゅう)に 雨(あめ)が ふりだしました。
When I arrived at the station it suddenly started to rain.

② 急(きゅう)に ベルが なりだして、びっくりしました。
I jumped when the bell suddenly started to ring.

07. ～つづける

意味 continue to ～, continue ～ing

接続 Vます-form (～~~ます~~) つづける

例文 ① 駅で 2時間も 友だちを 待ちつづけましたが、来ませんでした。
Though I had waited for my friend at the station for as long as two hours he/she didn't come.

② さっきから ずっと 電話が なりつづけて います。
The phone has continued to ring since a while ago.

08. ～おわる

意味 finish ～ing

接続 Vます-form (～~~ます~~) おわる

例文 ① その しゅくだいを やりおわったら、ちょっと こちらを てつだって くれませんか。
When you have finished your homework, can you help me over here?

② レポートを 書きおわった 人は 帰っても いいですよ。
People who have finished writing their reports may go home.

【練習問題】

1）「あのう…」と 言って、田中さんは ______だしました。

　1．話す　　2．話せば　　3．話して　　4．話し

2）クラスの 人が ぜんぶ ______まで 待ちます。

　1．答えた おわる　　2．答えて おわる　　3．答えおわる　　4．答えおわり

3）子どもの ときから にっきを ______つづけて います。

　1．書く　　2．書き　　3．書いて　　4．書ければ

4）昼ご飯を ______はじめたら、友だちが あそびに 来ました。

　1．食べ　　2．食べた　　3．食べれば　　4．食べて

05 ～ 08　1）4　2）3　3）2　4）1

Part I

(2) て形(けい) て-form

	ます-form	て-form		ます-form	て-form
I	のみます	のんで	Ⅱ	たべます	たべて
	しにます	しんで		みます	みて
	よびます	よんで	Ⅲ	します	して
	いいます	いって		きます	きて
	まちます	まって			
	とります	とって			
	ききます	きいて			
	いきます	*いって			
	いそぎます	いそいで			
	はなします	はなして			

09. ～てから

意味　after ～ing

接続　Vて-formから、～

例文　① 毎朝　ご飯を　食べてから、コーヒーを　飲みます。
I drink coffee after breakfast.
② 地図は　あちらに　着いてから、買った　ほうが　いいと　思います。
I think it's better to buy a map after arriving there.

【練習問題】

1）A：これ、使っても　いいですか。
B：どうぞ。でも　あまり　きれいじゃ　ないですから、＿＿＿から
使って　ください。
1．洗い　　2．洗って　　3．洗う　　4．洗いて

2）おなかが　すきました。食事を　＿＿＿から、映画を　見に
行きませんか。
1．する　　2．しって　　3．して　　4．するて

3）毎日　ばんご飯を　＿＿＿から、2時間ぐらい　勉強して　います。
1．食べて　　2．食べ　　3．食べる　　4．食べた

4）レポートは　この　本を　＿＿＿、書いて　ください。
1．読むと　　2．読んだから　　3．読んで　から　　4．読んで　あと

09　1）2　2）3　3）1　4）3

10. 〜ている

意味 be 〜 *<used to describe the state which results as a consequence of the action expressed by the verb>*

接続 V (intransitive verb) て-form　いる

例文 ① まどが　開(あ)いて　います。
The window is open.
② 朝(あさ)の　電車(でんしゃ)は　いつも　こんで　います。
Trains are always packed in the morning.

【練習問題】

1）この　ピアノは　＿＿＿　います。
　1．こわれて　　2．こわれる　　3．こわして　　4．こわれ

2）あっ、あそこに　さいふが　＿＿＿　いますよ。
　1．おちる　　2．おちて　　3．おちいて　　4．おちって

3）電気(でんき)が　＿＿＿　いますから、山田(やまだ)さんは　うちに　いないかも　しれません。
　1．きえって　　2．きって　　3．けして　　4．きえて

4）エアコンが　＿＿＿　いないと、この　へやは　寒(さむ)いですね。
　1．つきて　　2．つけて　　3．つきって　　4．ついて

10　1）1　　2）2　　3）4　　4）4

11. ～てある

意味 be ～ *<used to describe the state which results as a consequence of an action intentionally done by someone>*

接続 V（transitive verb）て-form ある

例文 ① れいぞうこに お茶(ちゃ)が ひやして あります。
There's chilled tea in the fridge.
② 教室(きょうしつ)に 世界地図(せかいちず)が はって ありますか。
Is there a map of the world on the classroom wall?

【練習問題】

1）A：レポートは あしたまでですよ。
B：だいじょうぶです。もう ＿＿＿ ありますから。
1．書(か)いて　2．書(か)く　3．書(か)きて　4．書(か)くて

2）ヤンさんの へやには きれいな えが ＿＿＿ あります。
1．かざる　2．かざり　3．かざって　4．かざりて

3）A：電車(でんしゃ)の きっぷを 買(か)いましたか。
B：はい。でも ホテルの よやくは まだ ＿＿＿ ありません。
1．し　2．して　3．する　4．しって

11　1）1　2）3　3）2

ペアになる自動詞（じどうし）と他動詞（たどうし）

Intransitive and transitive verb pairs

自動詞（じどうし） （intransitive verb） （subject）が～	他動詞（たどうし） （transitive verb） （object）を～
あがる	あげる
あつまる	あつめる
かわる	かえる
さがる	さげる
しまる	しめる
とまる	とめる
はじまる	はじめる
みつかる	みつける
あく	あける
たつ	たてる
つく	つける
つづく	つづける
ならぶ	ならべる
おきる	おこす
おちる	おとす
こわれる	こわす
なおる	なおす
なくなる	なくす
やける	やく
わく	わかす
きえる	けす
でる	だす
はいる	いれる

（あがる～みつかる）-aru ex. ag[aru] ／（あげる～みつける）-eru ex. ag[eru]

（あく～ならぶ）-u ex. ak[u] ／（あける～ならべる）-eru ex. ak[eru]

12. ～てもいい

意味 It is all right to ～ , may ～

接続 Vて-formも　いい

例文 ① ここで 写真(しゃしん)を とっても いいです。
You may take a photo here.
② ここに すわっても いいですか。
May I sit here?

【練習問題】

1）すみません。これを ＿＿＿も いいですか。
1．借(か)りる　2．借(か)りて　3．借(か)りた　4．借(か)り

2）この へやの 物(もの)は 何(なに)を ＿＿＿も いいですよ。
1．使(つか)う　2．使(つか)いて　3．使(つか)い　4．使(つか)って

3）10時(じ)から 15時(じ)までは ここに 車(くるま)を ＿＿＿も いいそうです。
1．止(と)める　2．止(と)めて　3．止(と)め　4．止(と)めって

4）あの へやに ＿＿＿も いいですか。
1．入(はい)って　2．入(はい)った　3．入(はい)る　4．入(はい)り

12　1）2　2）4　3）2　4）1

13. 〜てもかまわない

意味 It doesn't matter if 〜

接続 Vて-formも　かまわない

例文 ① この　へやで　食事(しょくじ)しても　かまいません。
You may eat in this room.

② ねつが　なかったら、おふろに　入(はい)っても　かまいません。
As long as you don't have a fever you may take a bath.

【練習問題】

1）もし　都合(つごう)が　よければ、早(はや)く ＿＿＿も　かまいませんよ。

1．来(く)る　　2．来(き)て　　3．来(き)ます　　4．来(き)た

2）つかれたら、コーヒーを　飲(の)みながら　仕事(しごと)を ＿＿＿も
かまいません。

1．した　　2．する　　3．して　　4．しって

3）A：この　パンフレットを　もらっても　いいですか。
B：ええ、どうぞ。たくさん　持(も)って ＿＿＿も　かまいませんよ。

1．いって　　2．いった　　3．いけば　　4．いく

13　1）2　　2）3　　3）1

14. ～てみる

意味 try to ～

接続 Vて-form　みる

例文 ① くつを 買う 前に、サイズが 合うか どうか、はいて みます。
Before buying shoes, I try them on to see if they are the right size or not.
② よかったら、どうぞ 食べて みて ください。
If you like, please eat it.

【練習問題】

1）この ことばの 意味が わかりませんから、じしょで ＿＿＿ みます。
1. しらべ　　2. しらべて　　3. しらべる　　4. しらべって

2）まだ 富士山に のぼった ことが ありません。ぜひ、＿＿＿ みたいです。
1. のぼる　　2. のぼりて　　3. のぼり　　4. のぼって

3）この シャツ、ちょっと ＿＿＿ みても いいですか。
1. 着る　　2. 着た　　3. 着て　　4. 着ない

14　1）2　2）4　3）3

15. 〜てしまう

接続 Vて-form しまう

A **意味** have done, finish 〜ing

例文 ① ひらがなは ぜんぶ おぼえて しまいました。
I have completely learnt hiragana.
② その 本(ほん)は もう 読(よ)んで しまいました。
I've already read that book.

B **意味** *<expresses the speaker's embarrassment or regret>*

例文 ① 大切(たいせつ)な 花(か)びんを わって しまいました。
I have broken a valuable vase.
② バスに かばんを わすれて しまいました。
I've left my bag on the bus.

【練習問題】

1）ポケットに きっぷを 入(い)れましたが、＿＿＿ しまいました。
1．おとす　　2．おとして　　3．おとした　　4．おとし

2）けさ へやを きれいに しましたが、もう ＿＿＿ しまいました。
1．よごれて　　2．よごれる　　3．よごれるて　　4．よごれた

3）すみません。きのう 借(か)りた かさを 持(も)って くるのを ＿＿＿ しまいました。
1．わすれる　　2．わすれって　　3．わすれて　　4．わすれ

4）あしたまでの しゅくだいは もう ＿＿＿ しまいました。
1．やった　　2．やる　　3．やりて　　4．やって

15　1）2　2）1　3）3　4）4

16. ～ておく

接続 Vて-form　おく

A　**意味** do ～ in advance

例文 ① かいぎの 前(まえ)に へやの れいぼうを つけて おいて ください。
Please turn the air-conditioner on before the meeting.
② 旅行(りょこう)する 前(まえ)に ガイドブックを 買(か)って おきます。
I'll buy a guidebook before going on the trip.

B　**意味** leave ～ as it is

例文 ① A：この じしょ、かたづけましょうか。
B：いいえ、まだ 使(つか)いますから、そのままに して おいて ください。
A：Shall I put this dictionary away?
B：No, as I'm still using it, please leave it where it is.
② へやを 出(で)る ときは、まどを しめて おいた ほうが いいですよ。
When you leave the room, you should close the window.

【練習問題】

1）佐藤（さとう）さん、かいぎの 前（まえ）に、この レポートを 20まい コピー＿＿＿ おいて ください。

1. する　　2. し　　3. しって　　4. して

2）旅行（りょこう）の 前（まえ）に、電車（でんしゃ）の きっぷを ＿＿＿ おかなければ なりません。

1. 買（か）う　　2. 買（か）って　　3. 買（か）い　　4. 買（か）いて

3）なくさないように、テキストに 名前（なまえ）を ＿＿＿ おいた ほうが いいですよ。

1. 書（か）いた　　2. 書（か）く　　3. 書（か）いて　　4. 書（か）けば

16　1）4　　2）2　　3）3

Part I

(3) た形(けい) た-form

	ます-form	た-form		ます-form	た-form
I	のみます	のんだ	II	たべます	たべた
	しにます	しんだ		みます	みた
	よびます	よんだ	III	きます	きた
	いいます	いった		します	した
	まちます	まった			
	とります	とった			
	ききます	きいた			
	いきます	*いった			
	いそぎます	いそいだ			
	はなします	はなした			

17. ～たり、～たりする

意味 do things like ～ and ～

接続 Vた-formり、Vた-formり する

例文 ① 日曜日(にちようび)、映画(えいが)を 見(み)たり、テニスを したり しました。
On Sunday I saw a film, played tennis and so on.

② そこでは おんせんに 入(はい)ったり、きれいな 山(やま)を 見(み)たり する ことが できます。
You can take hot-spring baths, see beautiful mountains and so on.

【練習問題】

1) A：日本(にほん)で どんな ことを したいですか。

B：さくらを ＿＿＿り、すしを ＿＿＿り したいです。

1．見(み)た／食(た)べて　　2．見(み)ます／食(た)べって

3．見(み)た／食(た)べた　　4．見(み)て／食(た)べった

2) 来週(らいしゅう) 日本語(にほんご)の テストが ありますから、ことばを ＿＿＿り、本(ほん)を ＿＿＿り しなければ なりません。

1．おぼえた／読(よ)みて　　2．おぼえた／読(よ)んだ

3．おぼえて／読(よ)んだ　　4．おぼえて／読(よ)みた

3) A：ハワイへ 行(い)きました。

B：いいですね。何(なに)を したんですか。

A：海(うみ)で 魚(さかな)を ＿＿＿り、＿＿＿り しました。とても 楽(たの)しかったです。

1．とった／およいだ　　2．とりた／およぎて

3．とりて／およいだ　　4．とった／およんだ

17　1) 3　2) 2　3) 1

18. ～たことがある

意味 have the experience of ～ing

接続 Vた-form ことが ある

例文 ① 日本(にほん)で さくらを 見(み)た ことが あります。
I have seen cherry blossoms in Japan.
② 富士山(ふじさん)に のぼった ことが ありません。
I haven't climbed Mt. Fuji.

【練習問題】

1）さしみを ＿＿＿ ことが あります。
1. 食(た)べった　　2. 食(た)べた　　3. 食(た)べて　　4. 食(た)べない

2）アメリカへ ＿＿＿ ことが ありますか。
1. 行(い)きます　　2. 行(い)き　　3. 行(い)くた　　4. 行(い)った

3）しんかんせんに ＿＿＿ ことが ありません。
1. 乗(の)った　　2. 乗(の)りた　　3. 乗(の)って　　4. 乗(の)り

4）大使館(たいしかん)で 開(ひら)かれた パーティーに ＿＿＿ ことが あります。
1. しゅっせきして　　2. しゅっせきした
3. しゅっせきし　　4. しゅっせき

18　1）2　2）4　3）1　4）2

19. 〜たまま

意味 with〜, while〜, as〜

<used to show that an already existing situation remains unchanged>

接続 Vた-formまま

例文 ① 日本(にほん)の 家(いえ)は くつを はいたまま 入(はい)っては いけません。

You don't go into Japanese houses with your shoes on.

② けさ、急(いそ)いで いたので 電気(でんき)を つけたまま 来(き)て しまいました。

Because I was in a hurry this morning, I left the light on when I went out.

【練習問題】

1）ゆうべは つかれて いたので、洋服(ようふく)を ＿＿＿まま 寝(ね)て しまいました。

1．着(き)て　2．着(き)た　3．着(き)る　4．着(き)

2）電車(でんしゃ)の 中(なか)に かばんを ＿＿＿まま おりて しまいました。

1．おく　2．おいて　3．おいた　4．おき

3）ぼうしを ＿＿＿まま じゅぎょうを うけては いけません。

1．かぶった　2．かぶる　3．かぶり　4．かぶって

19　1）2　2）3　3）1

Part I (4) ない形（けい） ない-form

	ます-form	ない-form		ます-form	ない-form
I	いいます	いわない	II	たべます	たべない
	かきます	かかない		みます	みない
	いそぎます	いそがない	III	します	しない
	はなします	はなさない		きます	こない
	まちます	またない			
	しにます	しなない			
	よびます	よばない			
	のみます	のまない			
	とります	とらない			

20. 〜なければならない

意味 have to 〜, must 〜, need 〜

接続 Vない-form (〜な~~い~~) ければ ならない

例文 ① 運転(うんてん)する とき、シートベルトを しなければ なりません。
You must wear a seatbelt when driving.
② 漢字(かんじ)の テストが あるので、勉強(べんきょう)しなければ なりません。
I must study as there'll be a Japanese kanji test.

【練習問題】

1) 外国(がいこく)へ 行(い)くので、パスポートを ＿＿＿ なりません。
　1. とらない　2. とらなくて　3. とらなければ　4. とらないでは

2) あした 友(とも)だちの けっこんしきで スピーチを ＿＿＿ ならない。
　1. しなければ　2. しなくても　3. しないでは　4. しない

3) 日本人(にほんじん)の うちでは くつを ＿＿＿ なりません。
　1. ぬがない　2. ぬがなくても　3. ぬがないでは　4. ぬがなければ

4) あした 9時(じ)の しんかんせんに 乗(の)るので、早(はや)く ＿＿＿ なりません。
　1. 起(お)きなくて　2. 起(お)きない　3. 起(お)きなければ　4. 起(お)きなくれば

20　1) 3　2) 1　3) 4　4) 3

21. ～なくてはいけない

意味 have to ～, must ～, need ～

接続 Vない-form（～な~~い~~）くては　いけない

例文 ① 試験に　おちた　人は　もう　一度　うけなくては　いけません。
Anyone who fails the exam must take it again.

② まだ　図書館の　本を　かえして　いないんですか。借りた本は　かえさなくては　いけませんよ。
You've still not returned the book to the library? You must return borrowed books.

【練習問題】

1）けいかん：ちょっと、そこの　人。シートベルトを ______ いけませんよ。

1．しない　　2．しなくて　　3．しなくては　　4．しないでは

2）私たちは　その　問題を　もっと　よく ______ いけません。

1．考えないては　　2．考えなくても
3．考えないでは　　4．考えなくては

21　1）3　　2）4

22. ～なくてもいい

意味 need not ～, don't have to ～

接続 Vない-form(～な~~い~~)くても　いい

例文 ① この　カードが　あれば、電車(でんしゃ)の　きっぷを　買(か)わなくても　いいです。

If you have this card you don't need to buy a train ticket.

② 日本(にほん)の　旅館(りょかん)では　チップを　あげなくても　いいです。

You don't need to give tips in Japanese inns.

【練習問題】

1）あしたは　日曜日(にちようび)なので　会社(かいしゃ)へ　______　いいです。

1．行(い)かないても　　2．行(い)かないでも

3．行(い)かなくても　　4．行(い)かなかっても

2）いたくなければ、この　薬(くすり)は　______　いいですよ。

1．飲(の)まなければ　　2．飲(の)まなくても

3．飲(の)まないでも　　4．飲(の)まないのも

22　1）3　　2）2

23. 〜なくてもかまわない

意味 need not 〜, don't have to 〜

接続 Vない-form(〜な~~い~~)くても　かまわない

例文 ① ねつが　下(さ)がったら、薬(くすり)を　飲(の)まなくても　かまいません。
When your fever goes down, you don't need to take the medicine.

② あの　レストランでは　食事(しょくじ)の　とき、ネクタイを　しなければ　なりませんが、ここでは　しなくても　かまいません。
You have to wear a necktie at that restaurant, but you don't need to here.

【練習問題】

1）あしたの　けっこんしきは　特(とく)に　フォーマルスーツを ＿＿＿ かまいません。

1．着(き)なくても　　2．着(き)るないても
3．着(き)るなくても　　4．着(き)ないても

2）たいへんだったら　さいごまで ＿＿＿ かまいません。

1．走(はし)りないでも　　2．走(はし)るなくても
3．走(はし)らなくても　　4．走(はし)らなくも

23　1）1　　2）3

24. 〜ずに

接続 Vない-form(〜~~ない~~)ずに　　＊しない → せずに（×しずに）

A **意味** without 〜ing

例文 ① かれは 何(なに)も 言(い)わずに へやを 出(で)て いきました。
He left the room without saying anything.
② ホテルの へやの かぎを かけずに 出(で)かけて しまいました。
I went out without locking the hotel room.

B **意味** do 〜 instead of 〜ing

例文 ① 日曜日(にちようび)、どこも 行(い)かずに うちに いました。
I stayed at home without going anywhere on Sunday.
② バスに 乗(の)らずに ここまで 歩(ある)いて きました。
I walked here instead of taking a bus.

☑Vない-formで
① じしょを 使(つか)わないで 新聞(しんぶん)が 読(よ)めるように なりたいです。
I want to become able to read a newspaper without using a dictionary.
② 私(わたし)は コーヒーに さとうを 入(い)れないで 飲(の)みます。
I drink coffee without sugar.

【練習問題】

1）2時間(じかん)、＿＿＿ 立(た)って 話(はな)しました。

　1．すわらずで　2．すわらなくて　3．すわらずに　4．すわらないと

2）かれは あいさつを ＿＿＿ 帰(かえ)って いった。

　1．せずに　2．しずに　3．せないで　4．しないずに

3）時間(じかん)が ないので、いつも 朝(あさ)ご飯(はん)を ＿＿＿ 会社(かいしゃ)へ 行(い)きます。

　1．食(た)べなしで　2．食(た)べなくて　3．食(た)べずで　4．食(た)べずに

4）何(なに)も ＿＿＿ 10キロも 走(はし)った。

　1．飲(の)まずで　2．飲(の)まずに　3．飲(の)まなしで　4．飲(の)まなくて

[24]　1）3　2）1　3）4　4）2

25. ～た／ないほうがいい

意味 had better ～ / had better not ～

接続 Vた-form / Vない-form ＞ ほうが いい

例文 ① かぜを ひいて いるんですか。じゃ、早(はや)く ねた ほうが いいですよ。

You've caught a cold? Then you should go to bed early.

② 体(からだ)に 悪(わる)いから、たばこは あまり すわない ほうが いいと 思(おも)います。

As it is bad for your health, it is better not to smoke too much.

【練習問題】

1）つかれて いる ときは、むりを しない ほう＿＿＿ いいと 思(おも)います。

1．は　　2．が　　3．と　　4．へ

2）ねつが あるんですか。じゃ、おふろに ＿＿＿ ほうが いいですよ。

1．入(はい)らない　　2．入(はい)りない　　3．入(はい)るない　　4．入(はい)ってない

3）もう 夜(よる)の 11時(じ)ですから、電話(でんわ)を ＿＿＿ ほうが いいですよ。

1．かける　　2．かけて　　3．かけます　　4．かけない

4）頭(あたま)が いたい ときは、早(はや)く 薬(くすり)を ＿＿＿ ほうが いいです。

1．飲(の)まない　　2．飲(の)んで　　3．飲(の)んだ　　4．飲(の)みて

25　1）2　2）1　3）4　4）3

Part I

(5) 辞書形(じしょけい) Dictionary form

	ます-form	dictionary form		ます-form	dictionary form
I	いいます	いう	II	たべます	たべる
	かきます	かく		みます	みる
	いそぎます	いそぐ	III	します	する
	はなします	はなす		きます	くる
	まちます	まつ			
	しにます	しぬ			
	よびます	よぶ			
	のみます	のむ			
	とります	とる			

26. ～ことがある

意味 There are times when ～

接続 V dictionary form ことが ある

例文 ① 日曜日(にちようび)には にわで 食事(しょくじ)を する ことが あります。

I sometimes eat in the garden on Sundays.

② 会社員(かいしゃいん)じゃ ないので、仕事(しごと)の ときは スーツを 着(き)ませんが、パーティーなどに 行(い)く ときは、着(き)る ことが あります。

As I am not a company employee I don't wear a suit to work, but I sometimes wear one to parties.

【練習問題】

1） たいてい げんきんで はらいますが、たまに カードを ＿＿＿ ことが あります。

1．つかえ　　2．つかい　　3．つく　　4．つかう

2） 大阪(おおさか)へ 行(い)く ときは、たいてい しんかんせんで 行(い)きますが、ときどき ひこうきで ＿＿＿ ことが あります。

1．行(い)き　　2．行(い)く　　3．行(い)って　　4．行(い)った

Part I

(6) 普通形（ふつうけい） Plain form

V	polite form	plain form
I	いいます	いう
	いいません	いわない
	いいました	いった
	いいませんでした	いわなかった
	あります	ある
	ありません	＊ない
	ありました	あった
	ありませんでした	＊なかった
II	たべます	たべる
	たべません	たべない
	たべました	たべた
	たべませんでした	たべなかった
III	します	する
	しません	しない
	しました	した
	しませんでした	しなかった
	きます	くる
	きません	こない
	きました	きた
	きませんでした	こなかった

	polite form	plain form
い-adj	やすいです	やすい
	やすくないです	やすくない
	やすかったです	やすかった
	やすくなかったです	やすくなかった
な-adj	ひまです	ひまだ
	ひまじゃ ありません	ひまじゃ ない
	ひまでした	ひまだった
	ひまじゃ ありませんでした	ひまじゃ なかった
N	あめです	あめだ
	あめじゃ ありません	あめじゃ ない
	あめでした	あめだった
	あめじゃ ありませんでした	あめじゃ なかった

27. ～んです

意味 The reason is that ～, The explanation is that ～

接続
V
い-adj } plain form
な-adj
N } plain form (～だ→～な)
} んです

例文
① A：ねむそうですね。
B：ええ、けさ 5時に 起きたんです。
A：You look sleepy.
B：Yes, I got up at five this morning.

② A：すごい にもつですね。どこか 行くんですか。
B：ええ、今から 国へ 帰るんです。
A：You have a lot of luggage! Are you going somewhere?
B：Yes, I am going back to my country.

③ A：この 本、読まないんですか。
B：ええ、あまり おもしろくないんです。
A：Aren't you going to read this book?
B：No, it's not so interesting.

④ A：どうして 食べないんですか。
B：私、野菜が きらいなんです。
A：Why aren't you eating?
B：I don't like vegetables.

☑ ～のです
"～んです" is used in spoken language, while "～のです" is used in written language or in very formal situations.

28. ～んですが

意味 *<used to introduce a topic linked to a request, an invitation or an expression seeking permission>*

接続

V / い-adj } plain form } んですが、～

な-adj / N } plain form（～~~だ~~→～な） } んですが、～

例文

① お金(かね)を 入(い)れても きっぷが 出(で)ないんですが、どう したら いいですか。

Though I've inserted money, the ticket won't come out. What should I do?

② 銀行(ぎんこう)へ 行(い)きたいんですが、地図(ちず)を かいて くださいませんか。

I want to go to the bank. Could you draw me a map?

【練習問題】

1）A：うれしそうですね。

B：ええ、国(くに)から 母(はは)が ＿＿＿んです。

1．来(き)ます　2．来(く)る　3．来(き)て　4．来(こ)よう

2）漢字(かんじ)を ＿＿＿んですが、いい 本(ほん)を しょうかいして いただけませんか。

1．勉強(べんきょう)した　2．勉強(べんきょう)します　3．勉強(べんきょう)したい　4．勉強(べんきょう)な

3）A：いつも 青(あお)い 服(ふく)を 着(き)て いますね。

B：ええ、私(わたし)、青(あお)が ＿＿＿んです。

1．好(す)きだ　2．好(す)き　3．好(す)きで　4．好(す)きな

4）A：きのうは 学校(がっこう)を 休(やす)みましたね。

B：ええ、＿＿＿んです。

1．病気(びょうき)な　2．病気(びょうき)だった　3．病気(びょうき)の　4．病気(びょうき)

27 28　1）2　2）3　3）4　4）2

29. ～そうだ

意味 I hear that ～

接続

V
い-adj
な-adj
N
} plain formそうだ

例文

① 天気(てんき)よほうに よると、あしたは 雨(あめ)が ふるそうです。
According to the weather forecast, it will rain tomorrow.

② この 本(ほん)に よると、あの レストランは あまり 高(たか)くないそうです。
According to this book, that restaurant is not so expensive.

③ 友(とも)だちの 話(はなし)では この じしょが いちばん べんりだそうです。
According to my friend, this dictionary is the most useful.

④ 田中(たなか)さんの 会社(かいしゃ)は 月曜日(げつようび)が 休(やす)みだそうです。
I heard that Mr. Tanaka's company is closed on Mondays.

【練習問題】

1） ニュースに よると、きのう 電車(でんしゃ)の じこが ＿＿＿そうです。
1．ある　2．あって　3．あり　4．あった

2） ヤンさんは もう 5年(ねん) 日本(にほん)に ＿＿＿そうだ。
1．住(す)む　2．住(す)んで いる　3．住(す)んで いた　4．住(す)んで います

3） 友(とも)だちの 話(はなし)では きのうの テストは とても ＿＿＿そうだ。
1．やさしかった　2．やさしい　3．やさしくて　4．やさし

4） 手紙(てがみ)に よると、家族(かぞく)は みんな ＿＿＿そうです。
1．元気(げんき)の　2．元気(げんき)な　3．元気(げんき)だ　4．元気(げんき)に

5） 天気(てんき)よほうに よると、あしたは ＿＿＿そうだ。
1．ゆきの　2．ゆきな　3．ゆき　4．ゆきだ

29　1）4　2）2　3）1　4）3　5）4

30. interrogative (〜) か

意味 *<indicates that an interrogative question is buried within the sentence>*

接続

interrogative {V / い-adj} plain form / {な-adj / N} plain form (〜~~だ~~) } か、〜

例文

① だれが かいぎに しゅっせきするか、知(し)って いますか。
Do you know who will attend the meeting?

② 電車(でんしゃ)が 何時(なんじ)に 大阪(おおさか)に 着(つ)くか、ヤンさんに 教(おし)えました。
I told Mr. Yang when the train would arrive at Osaka.

③ プレゼントは 何(なに)が いいか、かれに 聞(き)きましょう。
Let's ask him what would be good as a present.

④ しけんの とき、何(なに)が ひつようか、先生(せんせい)に 聞(き)きました。
I asked my teacher what would be needed for the exam.

⑤ 店(みせ)の 人(ひと)に めがね売(う)り場(ば)は どこか、教(おし)えて もらいました。
The shop assistant told me where the glasses department was.

31. 〜かどうか

意味 whether/if 〜 or not

接続

{V / い-adj} plain form / {な-adj / N} plain form (〜~~だ~~) } か どうか、〜

例文 ① ヤンさんは いそがしいですから、パーティーに 来るか どうか、わかりません。

Mr. Yang is so busy, I don't know whether he'll come to the party or not.

② にもつが 着いたか どうか、電話して 聞いて みました。

I called to find out if the parcel had arrived or not.

③ ケーキを 作りました。おいしいか どうか、食べて みて ください。 I've made a cake. Please try it to see if it tastes good or not.

④ A：山田さんは お元気ですか。

B：さあ、何年も 会って いないので、元気か どうか、わかりません。

A：Is Ms. Yamada well?

B：Well, I've not seen her for many years, so I don't know if she's well or not.

⑤ この ゆびわが ほんとうに ダイヤか どうか、店の 人に しらべて もらいました。

I asked the shop assistant to find out whether this ring was really a diamond or not.

【練習問題】

1）サイズが ＿＿＿か どうか、この くつを はいて みても いいですか。

1．合う　2．合った　3．合って　4．合います

2）テストが 何時に ＿＿＿か、先生に 聞きました。

1．終わり　2．終わります　3．終わる　4．終わらない

3）あの 店では 買い物した ことが ないので、＿＿＿か どうか、わかりません。

1．高くて　2．高かった　3．高くなくて　4．高い

4）田中さんは 何色が ＿＿＿か 知って いますか。

1．好きな　2．好きで　3．好き　4．好きです

5）あの 人の 話は いつも ＿＿＿か どうか、わかりません。

1．ほんとうです　2．ほんとう　3．ほんとうで　4．ほんとうな

30 31　1）1　2）3　3）4　4）3　5）2

32. ～ところだ

A **意味** be just about to ～

接続 V dictionary form　ところだ

例文 ① A：もう 食事(しょくじ)しましたか。

B：いいえ、まだです。今(いま)から 食(た)べる ところです。

A：Have you already eaten?

B：No, not yet. I'm about to eat now.

② A：まだ にもつが 来(き)て いないんですが。

B：すみません。今(いま) とどける ところです。もう 少(すこ)し お待(ま)ち ください。

A：The parcel hasn't been delivered yet.

B：Sorry. I'm about to deliver it now. Please wait a little bit more.

B **意味** be now ～ing

接続 Vて-form いる ところだ

例文 ① 今(いま)、レポートを 書(か)いて いる ところです。

I'm writing the report now.

② A：その 本(ほん)は もう 読(よ)みおわりましたか。

B：いいえ、まだです。今(いま) 読(よ)んで いる ところです。

A：Have you finished reading that book?

B：No, not yet. I'm reading it now.

C 意味 have just ～, just ～

接続 Vた-form ところだ

例文

① 今(いま)、仕事(しごと)が 終(お)わった ところです。

I've just finished work now.

② A：もしもし、さっき 送(おく)った メール 読(よ)みましたか。

B：あ、すみません。今(いま) もどった ところで、まだ 読(よ)んで いないんです。

A：Hello, have you read the mail I just sent a bit earlier?

B：Er, sorry. I've just come back, so I've not read it yet.

③ 駅(えき)に 着(つ)いた とき、ちょうど 電車(でんしゃ)が 出(で)た ところでした。

When I arrived at the station the train had just left.

【練習問題】

1) A：田中(たなか)さんは いますか。

B：いいえ、今(いま) ＿＿＿ ところです。

1. 帰(かえ)る　2. 帰(かえ)り　3. 帰(かえ)った　4. 帰(かえ)って

2) A：大川(おおかわ)さん、レポート、まだ できないんですか。きょうまでですよ。

B：すみません。今(いま) ＿＿＿ ところです。もうすぐ 終(お)わります。

1. 書(か)いた　2. 書(か)いて いる　3. 書(か)く　4. 書(か)いて

3) A：あの 話(はなし)、もう ヤンさんに 話(はな)しましたか。

B：いいえ、まだです。今(いま)から ＿＿＿ ところです。

1. 話(はな)す　2. 話(はな)した　3. 話(はな)して いる　4. 話(はな)して

4) A：いっしょに 昼(ひる)ご飯(はん)でも 食(た)べませんか。

B：たった 今(いま) ＿＿＿ ところなんです。つぎの きかいに ぜひ。

1. 食(た)べる　2. 食(た)べて　3. 食(た)べない　4. 食(た)べた

32　1) 3　2) 2　3) 1　4) 4

Part I （7）動詞(どうし)／形容詞(けいようし)

Verbs / Adjectives

33. ～すぎる

意味 over-, too (much) *<indicates something is done excessively or that a state is excessive>*

接続

Vます-form（～~~ます~~）	すぎる
い-adj（～~~い~~）	
な-adj（～~~な~~）	

例文
① ゆうべ おさけを 飲(の)みすぎました。 I drank too much last night.
② この 服(ふく)は 小(ち)さすぎます。 These clothes are too small.
③ この じゅぎょうは かんたんすぎて、つまらないです。
This class is too easy, so I'm bored.

【練習問題】

1）歌(うた)を ＿＿＿すぎて、のどが いたくなった。
1．うた　2．うたい　3．うたう　4．うたって

2）この パソコンは ＿＿＿すぎて、じゃまです。
1．大(おお)き　2．大(おお)きい　3．大(おお)きく　4．大(おお)きくて

3）この 地図(ちず)は ＿＿＿すぎて、わかりにくい。
1．ふくざつな　2．ふくざつの　3．ふくざつに　4．ふくざつ

33　1）2　2）1　3）4

34. ～そうだ

意味 It looks ～, It seems ～ *<indicates the speaker's conjecture or judgement based on what he/she sees or feels>*

接続

V ます-form（～~~ます~~）
い-adj（～~~い~~）　　　　　　　＞そうだ　　　　＊いい → よさそうだ
な-adj（～~~な~~）

例文

① 空(そら)が 暗(くら)く なって きました。雨(あめ)が ふりそうです。
The sky's come over dark. It looks like rain.

② 小林(こばやし)さんは 毎日(まいにち) とても いそがしそうです。
Ms. Kobayashi seems to be very busy every day.

③ きのう、ひさしぶりに 山田(やまだ)さんに 会(あ)いましたが、元気(げんき)そうでした。
Yesterday I saw Ms. Yamada after a long time. She looked well.

④ おいしそう[な] おかしですね。(adjectival usage)
They are delicious looking sweets, aren't they?

⑤ 大川(おおかわ)さんは 楽(たの)しそう[に] 話(はな)して います。(adverbial usage)
Ms. Okawa seems to be enjoying talking.

☑

(まどの 外(そと)を 見(み)て) (Looking out the window)	「雨(あめ)が ふりそうですね。」 It looks like rain, doesn't it? 「外(そと)は 寒(さむ)そうですね。」 It looks cold outside, doesn't it?
(天気(てんき)よほうを 聞(き)いて) (After listening to the weather forecast)	「雨(あめ)が ふるそうですよ。」 I heard it will rain. 「あしたは 寒(さむ)いそうですよ。」 I heard it will be cold tomorrow. ⇒ 29. ～そうだ hearsay

【練習問題】

1）風で 木が ＿＿＿そうです。

1．たおせ　　2．たおられ　　3．たおれ　　4．たおれて

2）この かばんは ポケットが たくさん あって、＿＿＿そうだ。

1．べんりな　　2．べんりで　　3．べんりの　　4．べんり

3）＿＿＿ 車ですね。だれのですか。

1．高そう　　2．高そうな　　3．高そうに　　4．高そうの

35. ～(た)がっている

意味 show signs of ～

接続

Vます-form（～~~ます~~）た
い-adj（～~~い~~）
な-adj（～~~な~~）
}がって いる

例文

① 私は 山へ 行きたいですが、つまは 海へ 行きたがって います。
I want to go to the mountains, but my wife wants to go to the sea.

② 教室の れいぼうが 強すぎて、学生たちが 寒がって います。
The classroom air-conditioner is too strong and the students are complaining that they are cold.

③ 佐藤さんは たんじょうびに 時計を ほしがって います。
Mr. Sato wants a watch for his birthday.

④ むすこは はいしゃへ 行くのを いやがって います。
My son hates going to the dentist.

34　1）3　2）4　3）2

☑ "〜たい" vs."〜たがっている" ⇒ [03. **〜たい**]

"〜(た)がっている" is used when the subject is the third person.

私(わたし)は 山(やま)へ 行(い)きたいです。 I want to go to the mountains.

あなたは 山(やま)へ 行(い)きたいですか。 Do you want to go to the mountains?

田中(たなか)さんは 山(やま)へ 行(い)きたがって いますか。

third person Does Mr. Tanaka want to go to the mountains?

☑ 私(わたし)は 時計(とけい)[が] ほしいです。 I want a watch.

かれは 時計(とけい)[を] ほしがって います。 He wants a watch.

私(わたし)は 行(い)くの[が] いやです。 I am reluctant to go.

かのじょは 行(い)くの[を] いやがって います。 She is reluctant to go.

【練習問題】

1) 外国(がいこく)の 大学(だいがく)へ ＿＿＿たがって いる 高校生(こうこうせい)が 多(おお)い。

1. 行(い)く　2. 行(い)って　3. 行(い)き　4. 行(い)きに

2) 友(とも)だちが 遠(とお)い 所(ところ)へ ひっこして しまったので、むすめは ＿＿＿がって いる。

1. さびし　2. さびした　3. さびしい　4. さびしく

[35] 1) 3　2) 1

Part I (8) 動詞／名詞 Verbs / Nouns

36. ～にいく／くる／かえる

意味 go/come/go home in order to do ～
<indicates purpose of moving from one place to another>

接続 Vます-form（～~~ます~~）／N ｝に行く／来る／帰る

例文
① デパートへ 洋服を 買いに 行きます。
I am going to the department store to buy clothes.

② かさを わすれたので、家へ とりに 帰りました。
I forgot my umbrella so I went home to get it.

③ こうえんへ さんぽに 行きます。 I am going for a walk in the park.

④ 日本へ 日本語の 勉強に 来ました。
I came to Japan to study Japanese.

【練習問題】

1）1週間に 1回、うちの 近くの プールへ ＿＿＿に 行きます。
　1．およいで　　2．およぎ　　3．およぐ　　4．およぐこと

2）あしたまでに かならず 本を ＿＿＿に 来て ください。
　1．かえす　　2．かえせ　　3．かえした　　4．かえし

3）駅の 近くの スーパーへ ＿＿＿に 行って きます。
　1．買い物　　2．買い物の　　3．買い物ため　　4．買い物する

36　1）2　　2）4　　3）1

37. ～まえに

意味 before ～

接続 V dictionary form ┐
N の ┘ 前(まえ)に、～

例文
① 毎朝(まいあさ) 家(いえ)を 出(で)る 前(まえ)に、新聞(しんぶん)を 読(よ)みます。
Every morning, I read the paper before leaving home.
② ゆうべ ねる 前(まえ)に、国(くに)の 家族(かぞく)に 手紙(てがみ)を 書(か)きました。
Before going to bed last night I wrote a letter to my family back home.
③ 昼(ひる)ご飯(はん)の 前(まえ)に、この 仕事(しごと)を やります。
I'll do this work before lunch.

【練習問題】

1） あそびに ＿＿＿ 前(まえ)に、しゅくだいを しなさい。
　1. 行(い)き　2. 行(い)く　3. 行(い)かない　4. 行(い)って

2） 日本(にほん)へ ＿＿＿ 前(まえ)に、アメリカに 住(す)んで いました。
　1. 来(き)て　2. 来(き)た　3. 来(く)る　4. 来(く)るの

3） 私(わたし)は よく 旅行(りょこう)＿＿＿ 前(まえ)に、かぜを ひいて しまいます。
　1. の　2. して　3. するの　4. しよう

37　1） 2　2） 3　3） 1

38. ～あとで

意味 after ～

接続 Vた-form / Nの } あとで、～

例文 ① まいばん おふろに 入(はい)った あとで、少(すこ)し 勉強(べんきょう)します。
Every night, I study a little after taking a bath.

② 映画(えいが)を 見(み)た あとで、食事(しょくじ)を しました。
I had a meal after seeing the film.

③ パーティーの あとで、みんなで いっしょに 写真(しゃしん)を とりました。
Everyone had their photo taken together after the party.

【練習問題】

1）ばんご飯(はん)を ＿＿＿ あとで、この 薬(くすり)を 飲(の)んで ください。
　1. 食(た)べ　2. 食(た)べる　3. 食(た)べて　4. 食(た)べた

2）この 本(ほん)を ＿＿＿ あとで、レポートを 書(か)かなければ なりません。
　1. 読(よ)む　2. 読(よ)んだ　3. 読(よ)み　4. 読(よ)んで

3）仕事(しごと)＿＿＿ あとで、いっしょに 飲(の)みに 行(い)きませんか。
　1. して　2. し　3. するの　4. の

38　1）4　2）2　3）4

39. 〜ばかり

意味 only 〜, do nothing but 〜

接続
V て-form ｝ばかり
N ｝ばかり

✓ Vた-formばかりだ　have just 〜, just 〜

例）　この　カメラは　きのう　買(か)ったばかりです。

I only bought this camera yesterday.

例文

① むすめは、ぜんぜん　勉強(べんきょう)しないで、毎日(まいにち)
- あそんでばかりです。
- あそんでばかり　います。

My daughter doesn't study at all. She just plays every day.

② 映画館(えいがかん)の　中(なか)は、
- わかい　人(ひと)ばかりでした。
- わかい　人(ひと)ばかり　いました。

There were only young people in the cinema.

【練習問題】

1）かのじょは、さいきん　学校(がっこう)を ＿＿＿ばかり　います。

1．休(やす)み　　2．休(やす)んで　　3．休(やす)む　　4．休(やす)んだ

2）かれは、朝(あさ)から　となりの　人(ひと)と ＿＿＿ばかりで、ぜんぜん　仕事(しごと)を　して　いない。

1．話(はな)す　　2．話(はな)し　　3．話(はな)して　　4．話(はな)した

3）山田(やまだ)さんは、さっきから　おかし＿＿＿ 食(た)べて　いる。

1．ばかり　　2．のばかり　　3．だけで　　4．のだけ

39　1）2　　2）3　　3）1

40. (まるで)〜ようだ

意味 look as if <*expresses counter-factual situations*>

接続 V plain form ⎫
N の ⎭ ようだ

例文
① 佐藤(さとう)さんの　へやは　ぜんぜん　かたづけて　ないので、まるで　どろぼうが　入(はい)ったようです。
Mr. Sato's room is never tidied up, so it looks like it's been broken into.

② ここは　東京(とうきょう)に　ある　ホテルなのに、外国人(がいこくじん)が　多(おお)くて、まるで　外国(がいこく)に　いるようです。
Though this hotel is in Tokyo, there are so many foreigners it feels like you are abroad.

③ 冬(ふゆ)なのに、あたたかくて、まるで　春(はる)のようです。
Even though it is winter, it's warm and feels like spring.

④ 冬(ふゆ)なのに、春(はる)のよう[な]　天気(てんき)です。(adjectival usage)
Even though it is winter, it's spring-like weather.

⑤ 冬(ふゆ)なのに、春(はる)のよう[に]　あたたかいです。(adverbial usage)
Even though it is winter, it's as warm as spring.

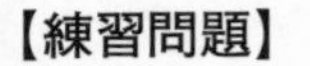

1）ここは とても しずかで、まるで 森(もり)の 中(なか)に ＿＿＿ようだ。

1．いて　　2．い　　3．いれば　　4．いる

2）あの 人(ひと)は、まるで ＿＿＿ように よく ねむって います。

1．死(し)んで　　2．死(し)んだ　　3．死(し)に　　4．死(し)ぬ

3）大川(おおかわ)さんの 家(いえ)の にわは 広(ひろ)くて、まるで ＿＿＿ようです。

1．こうえんの　　2．こうえんな　　3．こうえんで　　4．こうえん

4）佐藤(さとう)さんは、アナウンサーの ＿＿＿ 話(はな)しかたで 話(はな)します。

1．よう　　2．ような　　3．ように　　4．ようで

5）かのじょは 友(とも)だちから 聞(き)いた じこの 話(はなし)を まるで 自分(じぶん)の 目(め)で 見(み)た＿＿＿ 話(はな)した。

1．よう　　2．ような　　3．ように　　4．ようで

40　1）4　　2）2　　3）1　　4）2　　5）3

Part I 練習問題 01.～40.

Practice exercises

1）ちょっと 暑いですね。まどを ＿＿＿も いいですか。

1．開け　2．開ける　3．開けた　4．開けて

2）ここに 「写真を とっては いけません」と ＿＿＿ あります。

1．書いた　2．書けば　3．書いて　4．書く

3）きょうは、4月なのに 寒くて まるで ＿＿＿ようです。

1．冬の　2．冬　3．冬で　4．冬だ

4）この 料理の ＿＿＿かたを 教えて ください。

1．作って　2．作る　3．作り　4．作った

5）10時の しんかんせんに 乗らなければ ならないから、うちを 9時には ＿＿＿は いけない。

1．出ないで　2．出るので　3．出たので　4．出なくて

6）テレビを ＿＿＿ながら 食事を するのは やめなさい。

1．みた　2．みて　3．み　4．みる

7）よく ＿＿＿から 手紙の へんじを 書こうと 思います。

1．考える　2．考えて　3．考え　4．考えた

8）この ペンは とても ＿＿＿やすい。

1．使い　2．使って　3．使った　4．使う

9）日曜日は 映画を ＿＿＿り、買い物に ＿＿＿り しました。

1．見て／行って　2．見る／行く

3．見た／行った　4．見ます／行きます

10）その 本を ＿＿＿おわったら、ぜひ 貸して ください。

1．読んで　2．読む　3．読んだ　4．読み

11) カラオケは あまり 好きでは ありませんが、友だちと 行った ときは、＿＿＿＿ ことが あります。

1．歌う　　2．歌い　　3．歌わない　　4．歌われる

12) 昼ご飯を ＿＿＿＿すぎて、ばんご飯が 食べられませんでした。

1．食べて　　2．食べ　　3．食べる　　4．食べた

13) あした、田中さんが ＿＿＿＿ どうか、わかりません。

1．来ますか　　2．来てか　　3．来るか　　4．来ましたか

14) ＿＿＿＿ 前に、手を 洗いなさい。

1．食べます　　2．食べた　　3．食べるの　　4．食事の

15) 大川さんは どこへ 行く ときも 車に ＿＿＿＿ いて、ぜんぜん 歩きません。

1．乗ってばかり　　2．乗ったばかり

3．乗りばかり　　4．乗るばかり

16) 春の 京都へ ＿＿＿＿ ことが ありますか。

1．行き　　2．行って　　3．行けば　　4．行った

17) 運転する ときは、シートベルトを ＿＿＿＿。

1．しないで なりません　　2．しなければ なりません

3．しなくて いけません　　4．しないでは だめです

18) A：この 本の 漢字を、もう おぼえましたか。

B：＿＿＿＿＿＿。

1．はい、おぼえて しまいました

2．いいえ、おぼえて しまいました

3．はい、まだ おぼえて しまいました

4．いいえ、まだ おぼえて しまいました

19) A：佐藤さんは、きょう 休みですか。

B：ええ、かぜを ＿＿＿＿。

1．ひきます　　2．ひいたそうです

3．ひきそうです　　4．ひくそうです

20) A：お母さん、赤ちゃんの とき、私 何か月で ＿＿＿はじめたの。

B：そうねえ。1さいの たんじょうび前には 歩いて いたと 思うわ。

1．歩いて　　2．歩いた　　3．歩き　　4．歩く

21) A：お待たせしました。

B：いいえ、私も ＿＿＿。

1．今 来て います　　2．今 来た ところ です

3．今 来た ことが あります　　4．今 来る ところです

22) 山田さんは 新しい 車を ＿＿＿ います。

1．ほしがって　　2．ほしいて

3．ほしがりて　　4．ほしがった

23) A：この 薬は 1週間 ずっと ＿＿＿ほうが いいですか。

B：いいえ、よくなったら、＿＿＿も いいですよ。

1．飲んで／飲まない　　2．飲んだ／飲まなくて

3．飲んで／飲んだ　　4．飲んだ／飲まないで

24) A：さとうは いかがですか。

B：いいえ、けっこうです。コーヒーは いつも 何も ＿＿＿
飲むんです。

1．入れて　　2．入れない　　3．入れなくて　　4．入れずに

25) A：あの レストランは いつも こんで いますよ。

B：だいじょうぶです。もう よやくして ＿＿＿から。

1．おきます　　2．あります　　3．いました　　4．います

練習問題　01.～40.

1）4 [12]	2）3 [11]	3）1 [40]	4）3 [01]	5）4 [21]
6）3 [04]	7）2 [09]	8）1 [02]	9）3 [17]	10）4 [08]
11）1 [26]	12）2 [33]	13）3 [31]	14）4 [37]	15）1 [39]
16）4 [18]	17）2 [20]	18）1 [15]	19）2 [29]	20）3 [05]
21）2 [32]	22）1 [35]	23）2 [22/25]	24）4 [24]	25）2 [11]

Part II （1）受身（うけみ） Passive

41. 受身

		passive			passive
I	いう	いわれる	II	たべる	たべられる
	かく	かかれる		みる	みられる
	いそぐ	いそがれる	III	する	される
	はなす	はなされる		くる	こられる
	まつ	またれる			
	しぬ	しなれる			
	よぶ	よばれる			
	のむ	のまれる			
	とる	とられる			

A 意味 be 〜ed <*when an action is directed at another person*>

Aは Bを ＿＿＿＿＿。

→Bは Aに ＿passive＿。

例文 ① 私（わたし）は 先生（せんせい）に ほめられました。

I was praised by my teacher.

② 佐藤（さとう）さんは 社長（しゃちょう）に よばれました。

Mr. Sato was called in by the president.

B **意味** be ～ed <*something is done to an object belonging to someone else and he/she feels annoyed/troubled by it*>

Aは Bの 物を __________。

→Bは A[に] 物[を] __passive__。

例文 ① 田中さんは どろぼう[に] さいふ[を] とられました。

Mr. Tanaka had his wallet stolen by a thief.

② (私は) となりの 人[に] 足[を] ふまれました。

My foot was stepped on by the person next to me.

C **意味** be ～ed <*when it is not necessary to mention the person who does/did the action*>

例文 ① この ホテルは 60年前に 建てられました。

This hotel was built 60 years ago.

② 日本では 1月と 2月に 大学の 入学試験が 行われます。

In Japan university entrance exams are held in January and February.

D **意味** be ～ed <*used to express an undesirable feeling caused by some event or someone else's action*>

例文 ① 私は きのう 雨に ふられました。

(私は かさを 持って いなかったので、こまりました。)

I was caught in the rain yesterday. (I didn't have an umbrella, so I was in trouble.)

② きのうは、夜 おそく 子どもに なかれて、よく ねられませんでした。

(きょうは とても ねむくて、こまって います。)

Late last night my child was crying so I couldn't get much sleep. (Today I am really sleepy, so it's a bother.)

【練習問題Ⅰ】

1） 私は 山田さん＿＿＿ 新しい 仕事を たのまれました。

1．を　　2．で　　3．て　　4．に

2） 電車の 中で 近くに いた 人＿＿＿ 足＿＿＿ ふまれて、とても いたかった。

1．が／に　　2．を／に　　3．に／を　　4．が／は

3） 毎年 こくさいかいぎ＿＿＿ 開かれて います。

1．に　　2．を　　3．で　　4．が

4） 子どもの とき、毎朝 早く 母＿＿＿ 起こされました。

1．が　　2．に　　3．は　　4．と

5） つくえに おいて おいた じしょ＿＿＿ だれか＿＿＿ 持って いかれて しまった。

1．に／と　　2．を／と　　3．に／を　　4．を／に

6） あした ここで テニスの 試合＿＿＿ 行われます。

1．が　　2．に　　3．で　　4．を

41

【練習問題Ⅰ】 1） 4　2） 3　3） 4　4） 2　5） 4　6） 1

【練習問題Ⅱ】

1）子(こ)どもの とき、 よく 母(はは)に ＿＿＿。

1. しからせました　　2. しかれました

3. しかられました　　4. しかりました

2）試験(しけん)の とき、となりの 人(ひと)に 答(こた)えを ＿＿＿ しまいました。

1. 見(み)られて　　2. 見(み)て　　3. 見(み)らせて　　4. 見(み)えて

3）つぎの 日(ひ)に 大切(たいせつ)な 試験(しけん)が あるのに、夜(よる) おそく 友(とも)だちに

＿＿＿て、こまりました。

1. くられ　　2. こさせ　　3. きられ　　4. こられ

4）あとで 食(た)べようと 思(おも)って れいぞうこに 入(い)れて おいた ケーキを

弟(おとうと)に ＿＿＿。

1. 食(た)べらせられた　　2. 食(た)べれなかった

3. 食(た)べられた　　4. 食(た)べらせた

5）夜(よる) おそく 歩(ある)いて いたら、おまわりさんに ＿＿＿。

1. 質問(しつもん)せられた　　2. 質問(しつもん)させられた

3. 質問(しつもん)させた　　4. 質問(しつもん)された

6）この 歌(うた)は 世界中(せかいじゅう) で ＿＿＿ います。

1. 歌(うた)われて　　2. 歌(うた)わせて　　3. 歌(うた)いわられて　　4. 歌(うた)わられて

41 【練習問題Ⅱ】 1）3　2）1　3）4　4）3　5）4　6）1

Part II (2) 使役(しえき) Causative

42. 使役

		causative			causative
I	いう	いわせる	II	たべる	たべさせる
	かく	かかせる		みる	みさせる
	いそぐ	いそがせる	III	する	させる
	はなす	はなさせる		くる	こさせる
	まつ	またせる			
	しぬ	しなせる			
	よぶ	よばせる			
	のむ	のませる			
	とる	とらせる			

自動詞の使役文

A (actor) は B (person acted upon) を causative 。

① 兄(あに)は 弟(おとうと) を なかせました。

The older brother made his younger brother cry.

② 先生(せんせい)は 病気(びょうき)の せいとを 帰(かえ)らせました。

The teacher sent the sick student home.

他動詞の使役文

A (actor) は　B (person acted upon) に　物／こと (direct object) を　causative 。

① 先生は　せいとに　本を　読ませました。

The teacher had the students read the book.

② 社長は　ひしょに　コーヒーを　持って　こさせました。

The president had the secretary bring the coffee.

A　意味　make ～to ～ <*compulsion*>

例文 ① 先生は　悪い　ことを　した　せいとを　立たせました。

The teacher made a student who had done something wrong stand.

② 先生は　私たちに　教室を　そうじさせます。

Our teacher makes us clean our classroom.

B　意味　allow ～ to ～ <*permission*>

例文 ① 田中さんは　自分の　子どもに　好きな　ことを　させて　います。

Mr. Tanaka lets his children do what they like.

② ちょっと　この　電話を　使わせて　ください。

Please let me use this phone for a minute.

C　意味　make ～ to ～ *<causation>*

例文

① 病気に なって、りょうしんを しんぱいさせて しまいました。
I made my parents worry when I became sick.

② 有名な 大学に 入って、りょうしんを 安心させました。
I gave my parents peace of mind when I got into a famous university.

【練習問題 I】

1）田中さんは おもしろい 話を して いつも 私たち＿＿＿ わらわせます。

1．は　　2．と　　3．を　　4．が

2）あの 中学校では せいと＿＿＿ 英語で じゅぎょう＿＿＿ うけさせて いるそうだ。

1．を／に　　2．に／を　　3．は／を　　4．に／が

3）子どもの とき、母は よく 妹を 買い物＿＿＿ 行かせました。

1．は　　2．で　　3．を　　4．に

4）子ども＿＿＿ 有名な 学校の 試験＿＿＿ うけさせる 親が ふえて います。

1．を／に　　2．は／を　　3．に／を　　4．に／が

5）この 会社の 男の 人は いつも コピー＿＿＿ 女の 人＿＿＿ させて いる。

1．を／に　　2．に／を　　3．は／を　　4．が／に

6）先生は その 学生＿＿＿ 学校に おくれた りゆう＿＿＿ 説明させました。

1．に／に　　2．を／に　　3．に／を　　4．に／が

42

【練習問題 I】　1）3　　2）2　　3）4　　4）3　　5）1　　6）3

【練習問題Ⅱ】

1）私(わたし)は 子(こ)どもに 家(いえ)の 仕事(しごと)を ＿＿＿ います。

1．てつだって　　2．てつだいて

3．てつだわせて　　4．てつだわれて

2）A：何(なに)か おわかりに ならない ことが ありますか。

B：すみません。1つ ＿＿＿ ください。

1．質問(しつもん)しなくて　　2．質問(しつもん)させられて

3．質問(しつもん)されて　　4．質問(しつもん)させて

3）きょうの 食事代(しょくじだい)は 私(わたし)に ＿＿＿ ください。

1．はらわれて　　2．はらわせて　　3．はらいて　　4．はらうて

4）A：社長(しゃちょう)は すぐ もどると 思(おも)います。

B：じゃ、ここで ＿＿＿ くださいませんか。

1．待(ま)たせて　　2．待(ま)たれて　　3．待(ま)って　　4．待(ま)たされて

5）先生(せんせい)は その テレビの ニュースを 見(み)せて、せいとに ＿＿＿ました。

1．考(かんが)えされ　　2．考(かんが)える　　3．考(かんが)えさせ　　4．考(かんが)えせ

6）しつれいな ことを 言(い)って あの 人(ひと)を ＿＿＿ しまった。

1．おこらせられて　　2．おこらないで

3．おこらせて　　4．おこられて

42 **【練習問題Ⅱ】**　1）3　2）4　3）2　4）1　5）3　6）3

Part II (3) 使役受身(しえきうけみ) Causative passive

43. 使役受身

		causative passive			causative passive
I	いう	いわされる	II	たべる	たべさせられる
	かく	かかされる		みる	みさせられる
	いそぐ	いそがされる	III	する	させられる
	はなす	はなさせられる		くる	こさせられる
	まつ	またされる			
	のむ	のまされる			
	とる	とらされる			

☑ Group I verbs can also use "〜せられる" to make the causative passive.

例）言(い)わされる（＝言(い)わせられる）

飲(の)まされる（＝飲(の)ませられる）

☑ Note that Group I verbs ending in "〜す" use only "〜せられる" to make the causative passive.

例）話(はな)す → ○ 話(はな)させられる　× 話(はな)さされる

なおす→ ○ なおさせられる　× なおさされる

自動詞の使役受身文

Aは Bを ___causative___。

→Bは Aに ___causative passive___。

先生(せんせい)は せいとを 走(はし)らせる。

The teacher makes the students run.

→せいとは 先生(せんせい)に 走(はし)らされる。

The students are made to run by the teacher.

他動詞の使役受身文

Aは Bに ___を ___causative___。

→Bは Aに ___を ___causative passive___。

母(はは)は 私(わたし)に ピアノを 習(なら)わせた。

My mother made me learn the piano.

→私(わたし)は 母(はは)に ピアノを 習(なら)わされた。

I was made to learn the piano by my mother.

意味 be made/forced to do something

例文 ① 子(こ)どもの とき、私(わたし)は 母(はは)に じゅくに 行(い)かされました。

When I was a child, my mother made me go to a cram school.

② 私(わたし)は、みんなの 前(まえ)で 話(はな)すのは きらいなのに、パーティーで スピーチを させられました。

I hate speaking in front of people but I was made to give a speech at the party.

【練習問題Ⅰ】

1）きびしい 先生(せんせい)＿＿＿ 何回(なんかい)も 作文(さくぶん)を 書(か)きなおさせられた。

　1．が　　2．に　　3．を　　4．は

2）子(こ)どもの とき、母(はは)＿＿＿ きらいな 野菜(やさい)＿＿＿ 食(た)べさせられた。

　1．で／を　　2．を／に　　3．に／を　　4．に／で

3）アナウンサーに なった とき、毎日(まいにち) 発音(はつおん)の れんしゅう＿＿＿ させられた。

　1．が　　2．に　　3．を　　4．は

4）飲(の)めないのに、パーティーで おさけ＿＿＿ たくさん 飲(の)まされた。

　1．を　　2．が　　3．に　　4．と

5）かいぎが 終(お)わると、いつも ぶちょう＿＿＿ レポート＿＿＿ 書(か)かされて、たいへんです。

　1．が／に　　2．に／は　　3．に／が　　4．に／を

6）悪(わる)い ことを すると、いつも 先生(せんせい)＿＿＿ 学校(がっこう)の まわりを 走(はし)らされた。

　1．に　　2．を　　3．で　　4．か

43

【練習問題Ⅰ】　1）2　　2）3　　3）3　　4）1　　5）4　　6）1

【練習問題Ⅱ】

1）どろぼうに お金(かね)が 入(はい)って いる へやの かぎを ＿＿＿。

1．開(あ)けた　　2．開(あ)けさせられた

3．開(あ)いた　　4．開(あ)けらせた

2）うけたくないのに、毎年(まいとし) 会社(かいしゃ)で 英語(えいご)の 試験(しけん)を ＿＿＿いる。

1．うけされて　　2．うけられて

3．うけなくて　　4．うけさせられて

3）きのう 病院(びょういん)で 3時間(じかん)も ＿＿＿。

1．待(ま)たれた　　2．待(ま)たられた

3．待(ま)たされた　　4．待(ま)たせさせた

4）先月(せんげつ) 会社(かいしゃ)を ＿＿＿、今(いま) 仕事(しごと)が ありません。

1．やめされて　　2．やめさせられて

3．やめさされて　　4．やめられて

5）会社(かいしゃ)で コピーばかり ＿＿＿、おもしろくない。

1．させられて　　2．されて

3．さして　　4．さされて

6）歌(うた)が きらいなのに、カラオケで ＿＿＿。

1．歌(うた)われた　　2．歌(うた)わされた

3．歌(うた)わられた　　4．歌(うた)われられた

43 【練習問題Ⅱ】 1） 2　2） 4　3） 3　4） 2　5） 1　6） 2

Part II

(4) 可能（かのう） Expressions of potential

44. 可能

		potential			potential
I	いう	いえる	II	たべる	たべられる
	かく	かける		みる	みられる
	いそぐ	いそげる	III	する	できる
	はなす	はなせる		くる	こられる
	まつ	まてる			
	しぬ	しねる			
	よぶ	よべる			
	のむ	のめる			
	とる	とれる			

A　意味　can ～, be able to ～ *<ability>*

例文

① 山田(やまだ)さんは ピアノが ひけます。
Ms. Yamada can play the piano.

② ヤンさんは、日本(にほん)へ 来(く)る 前(まえ)は、日本語(にほんご)が 話(はな)せませんでした。
Mr. Yang couldn't speak Japanese before he came to Japan.

③ 1人(ひとり)で 病院(びょういん)へ 行(い)けますか。
Can you go to the hospital by yourself?

④ 私(わたし)は オートバイに 乗(の)れません。
I cannot ride a motorbike.

☑ In a potential sentence, the particle "を" (object marker) is usually replaced with "が".

日本語(にほんご) [を] 話(はな)します。 → 日本語(にほんご) [が] 話(はな)せます。

Particles other than "を" do not change.

病院(びょういん) [へ／に] 行(い)きます。→ 病院(びょういん) [へ／に] 行(い)けます。
オートバイ[に] 乗(の)ります。 → オートバイ[に] 乗(の)れます。

B　意味　can ～, be possible to ～ *<possibility>*

例文

① その 映画館(えいがかん)で 日本(にほん)の 古(ふる)い 映画(えいが)が 見(み)られます。
You can see old Japanese films at that cinema.

② この 図書館(としょかん)は この 大学(だいがく)の 学生(がくせい)しか 使(つか)えません。
Only students at this university can use this library.

③ その コンサートの きっぷは あしたから よやくできます。
You can book tickets for the concert from tomorrow.

45. ～(こと)ができる

接続 V dictionary form こと / N ＞ が できる

A **意味** can ～, be able to ～ *<ability>*

例文

① 山田(やまだ)さんは ピアノを ひく ことが できます。
Ms. Yamada can play the piano.

② わかい とき、私(わたし)は 1キロぐらい およぐ ことが できました。
When I was young I could swim about a kilometer.

③ 車(くるま)の 運転(うんてん)が できますか。
Can you drive a car?

B **意味** can ～, be possible to ～ *<possibility>*

例文

① その 映画館(えいがかん)で 日本(にほん)の 古(ふる)い 映画(えいが)を 見(み)る ことが できます。
You can see old Japanese films at that cinema.

② この びじゅつかんの 中(なか)では 写真(しゃしん)を とる ことが できません。
You cannot take photos inside this art museum.

③ 足(あし)の けがが なおるまで　サッカーが できません。
I can't play soccer till my foot gets better.

46. みえる・きこえる

意味 can be seen, be visible / can be heard, be audible

例文 ① へやから こうえんが 見(み)えます。
You can see a park from the room.

② 暗(くら)くて、よく 見(み)えません。
As it's dark, I can't see well.

③ となりの 犬(いぬ)の 声(こえ)が 聞(き)こえます。
I can hear next door's dog barking.

④ 音(おと)が 小(ちい)さくて、よく 聞(き)こえません。
As the volume is so low I can hardly hear (it).

☑
- 海(うみ)を 見(み)ます。
  I look at the sea.
- 海(うみ)が 見(み)えます。
  The sea can be seen.

- 音楽(おんがく)を 聞(き)きます。
  I listen to music.
- 音楽(おんがく)が 聞(き)こえます。
  Music can be heard.

☑ "見(み)られる" vs. "見(み)える"

"見(み)られる" indicates that one's intention of seeing can be realized, while "見(み)える" indicates that an object comes into one's sight.

○ その どうぶつえんで めずらしい 動物(どうぶつ)が 見(み)られます。
You can see rare animals at that zoo.
× その どうぶつえんで めずらしい 動物(どうぶつ)が 見(み)えます。

× へやの まどから 古(ふる)くて きたない 工場(こうじょう)が 見(み)られます。
○ へやの まどから 古(ふる)くて きたない 工場(こうじょう)が 見(み)えます。
You can see an old and dirty factory from the window of this room.

【練習問題 I】

1）春に なると、近所の こうえんで 花見＿＿＿ できます。

　1．を　　2．が　　3．の　　4．に

2）試験中は 教室の 外＿＿＿ 出られません。

　1．で　　2．に　　3．を　　4．が

3）この 店で 食べ物や 飲み物＿＿＿ 買える。

　1．が　　2．や　　3．に　　4．で

4）この 仕事が 終わったら、うち＿＿＿ 帰れます。

　1．へ　　2．で　　3．が　　4．を

5）めがねを かけないと、字＿＿＿ よく 見えない。

　1．の　　2．で　　3．を　　4．が

6）この 道は 車が 通る ＿＿＿が できない。

　1．もの　　2．の　　3．こと　　4．かた

44 ～ 46

【練習問題 I】　1）2　2）2　3）1　4）1　5）4　6）3

【練習問題 II】

1）漢字が わからないので、日本語の 新聞が ＿＿＿。

　1．読めない　　2．読まない　　3．読まれない　　4．読ませない

2）この 本は 月曜日まで ＿＿＿か。

　1．借れます　　2．借られます

　3．借りられます　　4．借りできます

3）うちから ここまで 1時間では ＿＿＿。

　1．きれません　　2．きられません

　3．くられません　　4．こられません

4）デパートの 前に 車を ＿＿＿ ことが できますか。

　1．止めた　　2．止めて　　3．止める　　4．止められる

5）その びじゅつかんで 有名な えが ＿＿＿。

　1．見る　　2．見られる　　3．見せる　　4．見える

6）家の うらに 小学校が あるので、よく 子どもが さわぐ 声が ＿＿＿。

　1．聞きます　　2．聞けます　　3．聞かれます　　4．聞こえます

44 ～ 46

【練習問題 II】　1）1　2）3　3）4　4）3　5）2　6）4

Part II (5) 授受表現（じゅじゅひょうげん）
Giving and receiving

give		receive	give (me)
さしあげる	→ 上の人（うえのひと） senior person →	いただく	くださる
あげる	→ Aさん・Bさん →	もらう	くれる
やる	→ 下の人（したのひと） junior person (animals, plants) →	もらう	くれる

47. くれる・あげる

1 くれる

意味 give (something to me, my side, my friends, etc.)

Aさん[は] { 私（わたし） / 私（わたし）の 家族（かぞく）／友（とも）だち } [に] something [を] くれる。

例文 ① 田中（たなか）さんは 私（わたし）に 花（はな）を くれました。
Mr. Tanaka gave me flowers.

② 田中（たなか）さんは むすめに じしょを くれました。
Mr. Tanaka gave my daughter a dictionary.

[2] あげる

意味 give

　Aさん[は] Bさん ┐
　　　　　　　　　 ├ [に] something [を] あげる。
×Aさん[は] 私(わたし) ┘

例文 ① 田中(たなか)さんは 大川(おおかわ)さんに 花(はな)を あげました。
Mr. Tanaka gave Ms. Okawa flowers.
② 私(わたし)は ヤンさんに じしょを あげました。
I gave Mr. Yang a dictionary.

48. くださる

意味 give（something to me, my side, my friends, etc.）
<respectful form of“くれる”> ⇒ 92. 特別な尊敬語

Senior personは（私(わたし)[に]） something [を] くださる。

cf. ｛Aさん／junior person｝は（私(わたし)に）something を くれる。

例文 ① そつぎょうする とき、先生(せんせい)は 私(わたし)に この 本(ほん)を くださいました。
When I graduated, my teacher gave me this book.
② 社長(しゃちょう)は いつも すぐに おへんじを くださいます。
The president always gives us a quick reply.

49. さしあげる・やる

1 さしあげる

意味 give <*humble form of* “あげる”>　⇒ **95. 特別な謙譲語**

私(わたし)は senior person [に] something [を] さしあげる。

cf. {私(わたし) / Aさん} は Bさんに something を あげる。

例文 ① おきゃくさまに プレゼントを さしあげます。
We give presents to our customers.

② 社長(しゃちょう)に ごれんらくを さしあげました。
I contacted the president.

2 やる

意味 give

{私(わたし) / Aさん} は {junior person / animals, plants} [に] something [を] やる。

cf. {私(わたし) / Aさん} は Bさんに something を あげる。

例文 ① 子(こ)どもに おもちゃを やります。
I give a toy to a child.

② さっき ねこに 魚(さかな)を やりました。
I gave some fish to the cat a little while ago.

③ 毎朝(まいあさ) 花(はな)に 水(みず)を やって ください。
Please water the flowers every morning.

50. いただく・もらう

1 いただく

意味 receive *<humble form of* “もらう”>　⇒ 95. 特別な謙譲語

私(わたし)は senior person [に／から] something [を] いただく。

例文
① ぶちょうに 旅行(りょこう)の おみやげを いただきました。
I received a holiday souvenir from the department manager.
② 1日(にち)に 5回(かい)ぐらい おきゃくさまから お電話(でんわ)を いただきます。
I receive about five calls a day from customers.

2 もらう

意味 receive

{私(わたし) / Aさん} は {Bさん / junior person} [に／から] something [を] もらう。

例文
① 友(とも)だちに 旅行(りょこう)の おみやげを もらいました。
I received a holiday souvenir from a friend.
② 1か月(げつ)に 2回(かい)ぐらい 母(はは)から 電話(でんわ)を もらいます。
I receive a phone call about twice a month from my mother.

○　私(わたし)は Aさんに ～を もらいます。
　　= Aさんは 私(わたし)に ～を くれます。
○　Bさんは Aさんに ～を もらいます。
　　= Aさんは Bさんに ～を あげます。
×　Bさんは [私(わたし)に] ～を もらいます。
　→○ 私(わたし)は Bさんに ～を あげます。

51. ～てくださる／くれる

意味 something is done (for me, my side, my friends, etc.)

接続 Vて-from くださる／くれる

例文 ① 先生(せんせい)が（私(わたし)に）本(ほん)を 貸(か)して くださいました。
My teacher lent me a book.

② 友(とも)だちが（私(わたし)に）本(ほん)を 貸(か)して くれました。
A friend lent me a book.

③ この 本(ほん)を 貸(か)して くださいませんか。
Would you kindly lend me this book?

52. ～ていただく／もらう

意味 receive a favour (from someone)

接続 Vて-form いただく／もらう

例文 ① 先生(せんせい)に きっぷの よやくの しかたを 教(おし)えて いただきました。
I was told how to book a ticket by my teacher.

② 友(とも)だちに きっぷの よやくの しかたを 教(おし)えて もらいました。
I was told how to book a ticket by a friend.

53. ～てさしあげる／あげる／やる

意味 do something（for someone）

接続 Vて-form　さしあげる／あげる／やる

例文
① 新しい　カメラで、先生の　写真を　とって　さしあげました。
I took a photo of my teacher with my new camera.
② 新しい　カメラで、友だちの　写真を　とって　あげました。
I took a photo of a friend with my new camera.
③ 新しい　カメラで、弟の　写真を　とって　やりました。
I took a photo of my younger brother with my new camera.

person を ～
→ Aさんは　私を　くうこうまで　送って　くれました。
Mr. A kindly took me to the airport.

person に　something を　～
→ Aさんは　私に　英語を　教えて　くれました。
Mr. A kindly taught me English.

person の　something を　～
→ Aさんは　私の　仕事を　てつだって　くれました。
Mr. A kindly helped me with my work.

【練習問題Ｉ】

1）新しい 自転車を 買ったので、古いのは 妹＿＿＿＿ やった。

1．が　　2．を　　3．に　　4．で

2）社長の おくさん＿＿＿＿ かびんを くださいました。

1．が　　2．から　　3．で　　4．に

3）先生＿＿＿＿ いただいた 本を なくして しまった。

1．を　　2．に　　3．の　　4．が

4）ヤンさんは みんな＿＿＿＿ 自分の 国の 料理を 作って あげた。

1．に　　2．を　　3．が　　4．で

5）大川さんは、私たち＿＿＿＿ 駅まで あんないして くれました。

1．で　　2．に　　3．を　　4．が

6）いつも 日本人の 友だち＿＿＿＿ 漢字の 読みかた＿＿＿＿ 教えて もらって います。

1．を／に　　2．に／が　　3．を／で　　4．に／を

47 ～ 53

【練習問題Ｉ】　1）3　2）1　3）2　4）1　5）3　6）4

【練習問題Ⅱ】

1）これは たんじょうびに 友(とも)だちに ＿＿＿ セーターです。

1．もらった　　2．いただいた　　3．くれた　　4．くださった

2）佐藤(さとう)さんは 母(はは)に めずらしい おかしを ＿＿＿。

1．あげました　　2．くれました

3．もらいました　　4．やりました

3）犬(いぬ)に 水(みず)を＿＿＿ のを わすれないで ください。

1．もらう　　2．くれる　　3．いただく　　4．やる

4）私(わたし)は ぶちょうに いろいろな 本(ほん)を 貸(か)して ＿＿＿。

1．くれました　　2．やりました

3．くださいました　　4．いただきました

5）すみませんが、もう 一度(いちど) ＿＿＿ くださいませんか。

1．説明(せつめい)すると　　2．説明(せつめい)しに

3．説明(せつめい)して　　4．説明(せつめい)されて

47 ～ 53

【練習問題Ⅱ】　1）1　　2）2　　3）4　　4）4　　5）3

Part II

練習問題 41.～53.

Practice exercises

1）私は、肉＿＿＿ 食べられないので、いつも 野菜を 食べます。

1.で　　2.が　　3.に　　4.の

2）弟は、学校で 悪い ことを して、先生＿＿＿ おこられた。

1.を　　2.で　　3.に　　4.と

3）先生は、私たち＿＿＿ いい じしょの えらびかたを 教えて くださいました。

1.が　　2.を　　3.で　　4.に

4）私は、去年、足の けがで 入院して、家族＿＿＿ しんぱいさせて しまいました。

1.に　　2.を　　3.と　　4.が

5）この 会場で、あした、英語の 試験＿＿＿ 行われます。

1.が　　2.に　　3.を　　4.で

6）子どもの とき、私は、毎日 母に 漢字の 勉強＿＿＿ させられた。

1.に　　2.を　　3.が　　4.で

7）きのうは 会社を 休んで、むすめ＿＿＿ どうぶつえんへ つれて いって やりました。

1.ため　　2.から　　3.に　　4.を

8）その 仕事は ぜひ 私＿＿＿ てつだわせて ください。

1.に　　2.が　　3.を　　4.は

9）パーティーの とき、私は 友だち＿＿＿ おさけを たくさん 飲まされました。

1.が　　2.を　　3.で　　4.に

10) この 電話では こくさい電話を かける ______が できません。

1. の　　2. もの　　3. こと　　4. ため

11) 私は しゅくだいを 出すのが おくれて、先生に ______。

1. 注意られた　　2. 注意さられた

3. 注意された　　4. 注意せられた

12) 社長は 毎月 私たちに 自分の 仕事に ついて レポートを ______。

1. 書かせます　　2. 書かします　　3. 書かさせます　　4. 書けさせます

13) 私は 医者に たばこを ______。

1. やめさせられました　　2. やめされました

3. やめさられました　　4. やめらせました

14) A：にもつが 多いですね。少し 持ちましょうか。

B：だいじょうぶです。1人で ______。

1. 持たれます　　2. 持たられます　　3. 持てます　　4. 持てられます

15) テレビが こしょうした ときは、いつも 父に ______ もらいます。

1. なおしに　　2. なおした　　3. なおして　　4. なおす

16) くうこうで いろいろな おみやげを ______ ことが できます。

1. 買う　　2. 買える　　3. 買って　　4. 買った

17) A：その サンダル、かわいいね。

B：ありがとう。たんじょうびに 友だちが ______の。

1. もらった　　2. やった　　3. あげた　　4. くれた

18) きのうは テニスの 試合の とちゅうで、ゆきに ______ たいへんだった。

1. ふって　　2. ふられて　　3. ふらせて　　4. ふらされて

19) 来週の かいぎは 私たちに ______ ください。

1. じゅんびして　　2. じゅんびされて

3. じゅんびさせて　　4. じゅんびさせられて

20) ヤンさんの スピーチを ＿＿＿ ことが できなくて ざんねんでした。

1. 聞(き)く　　2. 聞(き)ける　　3. 聞(き)こえる　　4. 聞(き)かれる

21) この 図書館(としょかん)では、1人(ひとり) 5さつまで 本(ほん)や ざっしが ＿＿＿。

1. 借(か)りる　　2. 借(か)りられる　　3. 借(か)りさせる　　4. 借(か)りさせられる

22) A：佐藤(さとう)さんの 電話(でんわ)ばんごうが わからないんですが。

B：私(わたし)の ノートに 書(か)いて ありますから、あとで 教(おし)えて

＿＿＿ね。

1. あげます　　2. くれます　　3. もらいます　　4. いただきます

23) いろいろな 国(くに)に 日本(にほん)の 車(くるま)が ＿＿＿ います。

1. ゆしゅつして　　2. ゆしゅつされて

3. ゆしゅつさせて　　4. ゆしゅつさせられて

24) きのうは、早(はや)く 帰(かえ)りたかったのに、夜(よる) おそくまで ぶちょうに 仕事(しごと)を ＿＿＿ つかれた。

1. して　　2. させて　　3. してくれて　　4. させられて

25) その しまでは、いろいろな めずらしい 鳥(とり)が ＿＿＿。

1. 見(み)ます　　2. 見(み)えます　　3. 見(み)られます　　4. 見(み)させます

練習問題 41.～53.

1） 2 [44]	2） 3 [41]	3） 4 [51]	4） 2 [42]	5） 1 [41]
6） 2 [43]	7） 4 [53]	8） 1 [42]	9） 4 [43]	10） 3 [45]
11） 3 [41]	12） 1 [42]	13） 1 [43]	14） 3 [44]	15） 3 [52]
16） 1 [45]	17） 4 [47]	18） 2 [41]	19） 3 [42]	20） 1 [45]
21） 2 [44]	22） 1 [53]	23） 2 [41]	24） 4 [43]	25） 3 [44/46]

(1) 命令(めいれい)／禁止(きんし)
Imperative / Prohibitive

54. 命令形 Imperative form

	dictionary form	imperative form		dictionary form	imperative form
I	いう	いえ	II	たべる	たべろ
	かく	かけ		みる	みろ
	いそぐ	いそげ		くれる	*くれ
	はなす	はなせ	III	する	しろ
	まつ	まて		くる	こい
	しぬ	しね			
	よぶ	よべ			
	のむ	のめ			
	いく	いけ			

意味 Do ～ *<imperative>*

例文 ① 手を 上げろ。

Raise your hands.

② A：あそこに 何と 書いて あるんですか。

B：止まれと 書いて あります。

A：What is written over there?

B：It says “Tomare（Stop）”.

③ A：あの マークは どういう 意味？

B：注意しろと いう 意味だよ。

A：What does that mark mean?

B：It means that you have to pay attention.

【練習問題】

1）A：シャツに 何か 書いて あるんですが、何と いう 意味ですか。

B：この シャツは 手で ＿＿＿と いう 意味です。

1．洗いて　　2．洗え　　3．洗った　　4．洗い

2）あの 道は 車が 多いから、歩く ときは、気を ＿＿＿。

1．つけれ　　2．つけろう　　3．つけない　　4．つけろ

3）あれは 「まっすぐ ＿＿＿」と いう 意味ですよ。

1．行け　　2．行き　　3．行けな　　4．行かず

4）「ちょっと ＿＿＿！」

1．待つ　　2．待たない　　3．待て　　4．待てる

54　1）2　2）4　3）1　4）3

55. ～なさい

意味 Do ～ *<indicates an instruction often used by a parent to a child or a teacher to a pupil>*

接続 Vます-form (～~~ます~~) なさい

例文 ① 早(はや)く 起(お)きなさい。
Hurry up and get up.

② 私(わたし)は 子(こ)どもの ころ、「あそびに 行(い)くなら しゅくだいを してから 行(い)きなさい」と、母(はは)に よく 注意(ちゅうい)されました。
When I was a child, my mother often told me to finish my homework before going out to play.

③ 医者(いしゃ)に、1日(にち)に 3回(かい) この 薬(くすり)を 飲(の)みなさいと 言(い)われました。
The doctor told me to take this medicine three times a day.

【練習問題】

1） 食事(しょくじ)の 前(まえ)に テーブルの 上(うえ)を きれいに ＿＿＿なさい。
　1．する　　2．し　　3．して　　4．した

2） もっと ゆっくり ＿＿＿なさい。
　1．話(はな)し　　2．話(はな)す　　3．話(はな)した　　4．話(はな)さ

3） あしたの 朝(あさ)は 早(はや)く 起(お)きなければ ならないから、もう ＿＿＿なさい。
　1．ねる　　2．ねた　　3．ねよう　　4．ね

4） テストを 出(だ)す 前(まえ)に、もう 一度(いちど) よく ＿＿＿なさい。
　1．チェックする　　2．チェックし
　3．チェックした　　4．チェックして

55　1） 2　　2） 1　　3） 4　　4） 2

56. 禁止形　Prohibitive form

	dictionary form	prohibitive form		dictionary form	prohibitive form
I	いう	いうな	II	たべる	たべるな
	かく	かくな		みる	みるな
	いそぐ	いそぐな	III	する	するな
	はなす	はなすな		くる	くるな
	まつ	まつな			
	しぬ	しぬな			
	よぶ	よぶな			
	のむ	のむな			
	いく	いくな			

意味 Don't ～ *<prohibitive>*

例文 ① あまり　さけを　飲(の)むな。　Don't drink so much.

② 「たばこを　すうな」は、「たばこを　すっては　いけない」と　いう　意味(いみ)です。　"Tabako o suuna" means "You must not smoke".

【練習問題】

1）ここに　ごみを ＿＿＿。

　1．すてるな　　2．すてないな　　3．すてれ　　4．すてろな

2）「あぶないから　ここでは ＿＿＿」と　書(か)いて　ありますよ。

　1．およげ　　2．およげな　　3．およぐな　　4．およぎな

56　1）1　2）3

57. ～てはいけない

意味 must not ～, may not ～

接続 Vて-formは　いけない

例文 ① びじゅつかんの　中では　大きな　こえで　話しては　いけません。
You must not speak loudly in the art museum.

② この　薬は　1日に　2つ以上　飲んでは　いけないと　言われました。
I was told not to take more than one of these tablets a day.

【練習問題】

1）紙の　ごみと　ガラスの　ごみを　いっしょに　______は　いけません。

1．すって　　2．すてて　　3．すんで　　4．すて

2）この　テストは　じしょを　見ながら　______は　いけませんか。

1．やって　　2．やるて　　3．やれて　　4．やりて

3）A：あした　ここで　パーティーを　したいんですが、いいですか。
B：いいですが、あまり　______　いけませんよ。

1．さわぐ　　2．さわいでも　　3．さわがなければ　　4．さわいでは

4）あぶないですから、ここに　______。

1．入れば　いいです　　2．入った　ことが　あります
3．入っては　いけません　　4．入られます

57　1）2　　2）1　　3）4　　4）3

Part III (2) 比較（ひかく） Comparison

58. AはBより～

意味 A is ～er than B.

例文 ① 来週（らいしゅう）は 今週（こんしゅう）より いそがしいと 思（おも）います。
I think I'll be busier next week than this week.

② A：東京（とうきょう）は ニューヨークより 人（ひと）が 多（おお）いですか。
B：はい、ずっと 多（おお）いと 思（おも）います。
A：Are there more people in Tokyo than New York?
B：Yes, a lot more, I think.

59. BよりAのほうが～

意味 A is ～er than B.

例文 ① 今週（こんしゅう）より 先週（せんしゅう）の ほうが いそがしかったです。
I was busier last week than this week.

② Aレストランより、Bレストランの ほうが おいしいですが、ねだんは 高（たか）いですよ。
Though the food in B restaurant is better than in A restaurant, it is more expensive.

60. AはBほど～ない

意味 A is not as ～ as B.

例文 ① 来週は 先週ほど いそがしくないと 思います。

I think I'll not be as busy next week as I was last week.

② 外国語を 聞く ことは 話す ことほど むずかしくないと 思います。

I think listening to a foreign language is not as difficult as speaking it.

61. AとBと、どちらが～

意味 Which is ～er A or B ?

例文 ① A：この カメラと その カメラと、どちらが 使いやすいですか。

B：そうですね。こちらの ほうが いいと 思います。

A：Which is the easier to use, this camera or that one?

B：Er. I think this one is better.

② A：山田さんと 大川さんと、 どちらが テニスが 上手？

B：山田さんの ほうが 上手かな。

A：Who is better at tennis, Mr. Yamada or Ms. Okawa?

B：I think Mr. Yamada is better.

【練習問題】

1）メールを するなら パソコンより けいたい電話の ＿＿＿ べんりです。

1．までが　　2．では　　3．ほうが　　4．ほど

2）今年の 冬は 去年＿＿＿ 寒く なりそうですか。

1．から　　2．より　　3．まで　　4．ほど

3）私の へやは 山田さんの へや＿＿＿ せまくないですよ。

1．まで　　2．ほう　　3．ほど　　4．から

4）英語と スペイン語と、＿＿＿が おぼえやすいですか。

1．どの　　2．なに　　3．どちら　　4．どれ

5）佐藤さんより ヤンさんの ＿＿＿が わかい はずです。

1．ほど　　2．まで　　3．より　　4．ほう

6）サッカー＿＿＿ テニス＿＿＿、どちらが むずかしいですか。

1．や／や　　2．と／と　　3．も／も　　4．が／が

7）大川さんは 佐藤さん＿＿＿ きびしくないと 思います。

1．ほう　　2．から　　3．まで　　4．ほど

8）天気よほうに よると、今年の 夏は 去年＿＿＿ あつく
なるそうです。

1．まで　　2．より　　3．では　　4．から

58 ～ 61

1）3　2）2　3）3　4）3　5）4　6）2　7）4
8）2

Part III (3) 変化(へんか) Change

62. 〜く／になる

意味 become 〜

接続
い-adj（〜~~い~~→〜く）
な-adj（〜~~な~~→〜に）　なる
Nに

＊いい → よく なる

例文
① A：体(からだ)の ぐあいは いかがですか。
　B：ありがとう。おかげさまで よく なりました。
　A：How are you feeling?
　B：Thank you. I am much better.

② ピアノが 上手(じょうず)に なりたいです。
　I want to become good at the piano.

③ しょうらい、はいしゃに なる つもりです。
　I intend becoming a dentist in the future.

【練習問題】

1）12月(がつ)に なったら、急(きゅう)に ＿＿＿ なりました。
　1．寒(さむ)い　　2．寒(さむ)く　　3．寒(さむ)いに　　4．寒(さむ)いで

2）A：国(くに)へ 帰(かえ)ったら、何(なん)に なりたいですか。
　B：小学校(しょうがっこう)の 先生(せんせい)＿＿＿ なりたいです。
　1．が　　2．を　　3．に　　4．で

3）いっしょうけんめい そうじを したので、へやが ＿＿＿ なりました。
 1．きれいに　2．きれいく　3．きれく　4．きれに

4）コンサートホールまで バスで 行（い）ったら、＿＿＿ なって しまいました。
 1．おそいで　2．おそくて　3．おそいに　4．おそく

63. ～ようになる

意味 become ～

接続 V dictionary formように なる

✓Often used with verbs that indicate ability or possibility

例文 ① 日本語（にほんご）が 話（はな）せるように なりました。

I've become able to speak Japanese.

② A：日本語（にほんご）の 新聞（しんぶん）が 読（よ）めるように なりましたか。

B：いいえ、まだ 読（よ）めません。早（はや）く 読（よ）めるように なりたいです。

A：がんばって ください。

A：Have you become able to read a Japanese newspaper?

B：No, not yet. I want to be able to as soon as possible.

A：Stick with it!

✓negative conjunctive form

Vない-form（～な~~い~~）くなる

例）高（たか）い ビルが 建（た）ったので、まどから 山（やま）が 見（み）えなく なりました。

Because they built that tall building, you can no longer see the mountains from the window.

62　1）2　2）3　3）1　4）4

【練習問題】

1）日本語で 電話が ＿＿＿ように なりました。

1．かけて　　2．かける　　3．かけた　　4．かけられる

2）佐藤さんに 教えて もらったので、パソコンが ＿＿＿ なりました。

1．使えるように　　2．使えたように　　3．使えてように　　4．使うように

3）日本に 来た ときは、漢字が ぜんぜん 読めませんでしたが、今は 読める＿＿＿ なりました。

1．はずに　　2．ように　　3．ことに　　4．ところに

4）日曜日に 友だちの うちへ 行く つもりでしたが、かぜを ひいて しまったので、＿＿＿ なりました。

1．行かない　　2．行かないで　　3．行けなく　　4．行けないで

63　1）4　2）1　3）2　4）3

64. ～ことになる

意味 It will be/has been decided that ～, come about ～

接続 V dictionary form
V ない-form } ことに なる

例文 ① 田中(たなか)さんは 来年(らいねん) イギリスへ ひっこす ことに なりました。
It's turned out that Mr. Tanaka will move to the UK next year.

② たぶん、ヤンさんは 来月(らいげつ)から この 会社(かいしゃ)で 働(はたら)く ことに なるでしょう。
Perhaps Mr. Yang will work for this company from next month.

【練習問題】

1) A：パーティーは どこで するんですか。
B：小林(こばやし)さんの うちで ＿＿＿ ことに なりました。
1. する　2. して　3. した　4. し

2) 日曜日(にちようび)に 友(とも)だちと レストランで スペイン料理(りょうり)を 食(た)べる ＿＿＿に なったよ。
1. もの　2. の　3. こと　4. ほう

3) その 問題(もんだい)に ついては あしたの かいぎで 佐藤(さとう)さんが 説明(せつめい)する こと＿＿＿ なったそうです。
1. は　2. が　3. を　4. に

4) 旅行(りょこう)の ために 1人(ひとり) 5,000円(えん)ずつ ＿＿＿に なりました。
1. 集(あつ)める こと　2. 集(あつ)める ため　3. 集(あつ)めた こと　4. 集(あつ)めた ほう

64　1) 1　2) 3　3) 4　4) 1

65. 〜く／にする

意味 change into 〜, make 〜

接続
い-adj (〜~~い~~→〜く)
な-adj (〜~~な~~→〜に)　｝する
Nに

例文
① この　おさけは　このまま　飲んでも　おいしいですが、つめたく　すると、もっと　おいしく　なりますよ。
This drink is good as it is, but it tastes even better if you have it cold.

② あした　友だちが　来るから、へやを　きれいに　しなければ　なりません。　As a friend will come tomorrow, I must clean my room.

③ さいきん、子どもを　医者に　したがる　親が　多いそうです。
Recently there are a lot of parents who want their children to become doctors.

【練習問題】

1）子どもの　ころから　いつも　病気を　して　いたので、母は　私を ______ する　ために　いろいろな　物を　食べさせました。
　1. じょうぶに　2. じょうぶく　3. じょうぶで　4. じょうぶな

2）すみません。ちょっと　聞こえにくいので、音を　大きく ______ 。
　1. ありましょう　2. なって　ください
　3. なりましょう　4. して　ください

3）この　ケーキは　もう　少し ______ した　ほうが　いいですね。
　1. あまいに　2. あまくに　3. あまく　4. あまいで

4）父は　私を　音楽家______ したかったそうです。
　1. が　2. に　3. を　4. で

65　1）1　2）4　3）3　4）2

66. ～てくる／いく

接続 Vて-form くる／いく

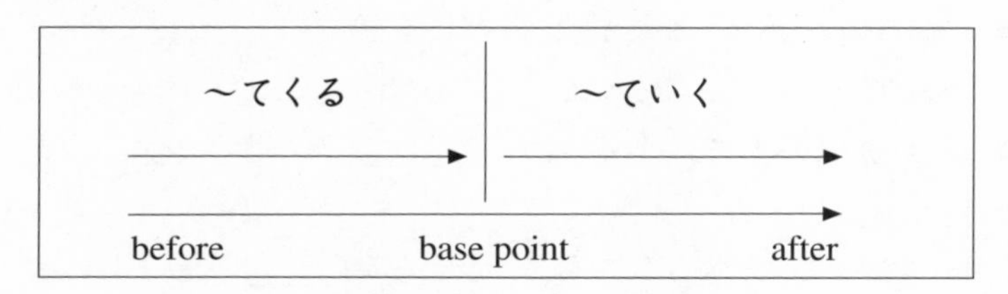

A **意味** come to ～, get to ～

<describes a change that takes place over time>

例文 ① 朝から つめたい ものばかり 食べて いたから、おなかが いたくなって きました。

As I only ate cold things from the morning, my stomach began to ache.

② ヤンさんの 国では これから 日本語を 勉強する 人が ふえて いくと 思いますか。

Mr. Yang, do you think the number of people in your country studying Japanese will increase?

B **意味** continue/go on ～ing

例文 ① 私は 中学校の ときから ずっと 英語を 勉強して きました。

I have kept on studying English since I was in junior high school.

② あと 3年ぐらいは この 町で 生活して いこうと 思って います。

I intend to live in this town for at least another three years.

【練習問題】

1）さいきん 日本では アジアを 旅行する 人が 多く ＿＿＿そうです。

　1．なって いく　　2．なって きた

　3．なって くる　　4．なって いった

2）寒く なると、魚が どんどん おいしく なって ＿＿＿と 聞きました。

　1．いって　　2．くる　　3．いこう　　4．きて

3）薬を 飲ませたので、よく なって ＿＿＿と 思います。

　1．いく　　2．いこう　　3．いかない　　4．いった

4）4月に なって あちらこちらで さくらが ＿＿＿ きましたね。

　1．さいた　　2．さく　　3．さかない　　4．さいて

5）さいきん たばこを すわない 人が ふえて ＿＿＿。

　1．きました　　2．きます　　3．いきました　　4．いきます

66　1）2　2）2　3）1　4）4　5）1

(4) 意志（いし） Volition

67. 意向形 Volitional form

	dictionary form	volitional form		dictionary form	volitional form
I	いう	いおう	II	たべる	たべよう
	かく	かこう		みる	みよう
	いそぐ	いそごう	III	する	しよう
	はなす	はなそう		くる	こよう
	まつ	まとう			
	しぬ	しのう			
	よぶ	よぼう			
	のむ	のもう			
	とる	とろう			

意味 Let's ～

例文 ① ああ、つかれたね。早（はや）く 帰（かえ）ろう。

Oh, we're tired, aren't we? Let's go home early.

② A：あの レストランで 少（すこ）し 休（やす）まない？

B：うん、そう しよう。

A ：Shall we take a break in that restaurant?

B ：Yeah, let's do that.

【練習問題】

1）A：おなかが すいたね。

B：うん。何(なに)か ＿＿＿。

1．食(た)べろう　　2．食(た)べよう　　3．食(た)べるよう　　4．食(た)べおう

2）あしたは テストだ。こんばん、＿＿＿。

1．勉強(べんきょう)しおう　　2．勉強(べんきょう)するよう

3．勉強(べんきょう)しよう　　4．勉強(べんきょう)しれ

67　1）2　　2）3

68. ～(よ)うとおもう

意味 I think I will ～

接続 V volitional formと 思(おも)う

例文 ① 国(くに)へ 帰(かえ)っても、日本語(にほんご)の 勉強(べんきょう)を つづけようと 思(おも)います。
I think I will continue to study Japanese after going back home.

② A：夏休(なつやす)みは どこか 行(い)くんですか。
B：ええ、アメリカへ 行(い)こうと 思(おも)って いるんです。
A：Are you going anywhere for the summer holidays?
B：Yes, I'm thinking of going to the US.

【練習問題】

1）A：その 映画(えいが)、もう 見(み)ましたか。
B：いいえ、まだ 見(み)て いません。こんばん ＿＿＿と 思(おも)って います。

1. 見(み)ろう　　2. 見(み)よう　　3. 見(み)てよう　　4. 見(み)るよう

2）今度(こんど)の 休(やす)みに 新(あたら)しい パソコンを ＿＿＿と 思(おも)って います。

1. 買(か)よう　　2. 買(か)いおう　　3. 買(か)おう　　4. 買(か)およう

3）A：旅行(りょこう)の じゅんびは もう しましたか。
B：まだです。これから ＿＿＿と 思(おも)って います。

1. しよう　　2. するよう　　3. しおう　　4. しろう

68　1）2　　2）3　　3）1

69. ～(よ)うとする

意味 be about to ～

接続 V volitional formと する

例文 ① 電車に 乗ろうと したら、ドアが しまって しまいました。
The doors closed as I was about to get on the train.
② 仕事を 始めようと した とき、電話が かかって きました。
The phone rang just as I was about to start work.

【練習問題】

1）先生の 質問に ＿＿＿と したら、ほかの 人が 答えて しまった。
1. 答えよう　2. 答える　3. 答えろう　4. 答えて

2）仕事が すんで ＿＿＿と した とき、田中さんに 仕事を たのまれました。
1. 帰る　2. 帰ろう　3. 帰り　4. 帰りよう

3）しゅくだいを ＿＿＿と した とき、友だちに 来られて しまいました。
1. する　2. しろ　3. しろう　4. しよう

70. ～ようにする

意味 try to ～, make sure to ～

接続 V dictionary form / V ない-form ｝ように する

69　1） 1　2） 2　3） 4

例文 ① 体に いいので、なるべく 野菜を たくさん 食べるように して います。

Because it's good for you, I try to eat as many vegetables as possible.

② さいきん、太って しまったので、車に 乗らずに 駅まで 歩くように して います。

Recently, I have got fat, so I try to walk to the station and not use the car.

③ もし 来られない 場合は、かならず れんらくするように して ください。 In the event that you cannot come, please be sure to contact me.

④ あしたの かいぎに おくれないように して ください。

Please try not to be late for tomorrow's meeting.

【練習問題】

1）毎日 いそがしいですが、できるだけ スポーツを ＿＿＿ように して います。

1．しよう　　2．する　　3．して　　4．した

2）やくそくを わすれないように、かならず ノートに ＿＿＿ように して います。

1．書く　　2．書いて　　3．書かない　　4．書き

3）A：おふろに 入っても いいですか。

B：いいえ、ねつが ありますから、きょうは ＿＿＿ように して ください。

1．入る　　2．入らないで　　3．入らない　　4．入って

70　1）2　　2）1　　3）3

71. ～つもりだ

意味 intend to ～, have plans to ～

接続 V dictionary form ｝つもりだ
V ない-form ｝

例文 ① 仕事を　やめたら、いなかに　住む　つもりです。
After quitting my job I intend to live in the countryside.

② 今年の　11月に　かのじょと　けっこんする　つもりです。
I intend marrying her this November.

③ A：夏休みに　国へ　帰りますか。
B：いいえ、今年は　帰らない　つもりです。
A：Will you go home for your summer holidays?
B：No, I don't intend going home this year.

【練習問題】

1）日本語が　上手に　なったら、国で　日本語を ______ つもりです。
1. 教える　2. 教えて　3. 教えます　4. 教え

2）A：あしたの　かいぎに　しゅっせきしますか。
B：ええ、しゅっせきする ______ です。
1. たい　2. らしく　3. だろう　4. つもり

3）体に　悪いので、あしたから　たばこは ______ つもりだ。
1. すいない　2. すあない　3. すわない　4. すうない

71　1）1　2）4　3）3

72. ～ことにする

意味 decide to ～

接続 V dictionary form / V ない-form ＞ことに する

例文 ① この 学校(がっこう)が いちばん よさそうなので、ここで 勉強(べんきょう)する ことに します。
This school seems to be the best, so I have decided to study here.

② 休(やす)みは どこも こんで いるので、出(で)かけない ことに しました。
As everywhere will be crowded over the holiday, I've decided not to go out.

【練習問題】

1）にもつが 多(おお)いので、車(くるま)で 行(い)く こと＿＿＿ しました。

1．を　　2．に　　3．は　　4．が

2）太(ふと)って しまったので、あしたから あまい 物(もの)を 食(た)べない ＿＿＿に しました。

1．もの　　2．わけ　　3．ため　　4．こと

3）1人(ひとり)で 旅行(りょこう)する つもりでしたが、友(とも)だちと 2人(ふたり)で 旅行(りょこう)する ＿＿＿。

1．ことに しました　　2．ことが します
3．ことに あります　　4．ことが あります

72　1）2　　2）4　　3）1

73. ～にする

意味 decide on ～

接続 Nに する

例文 ① ばんご飯（はん）は 天（てん）ぷらに しましょう。
Let's have tempura for dinner.

② たんじょうびの プレゼントは 花（はな）に しました。
I decided on flowers as a birthday present.

③ ホテルは どこに するか、まだ きめて いません。
I still haven't decided on which hotel to stay at.

【練習問題】

1） 飲（の）み物（もの）は 何（なん）＿＿＿ しますか。
1. を　　2. に　　3. で　　4. が

2） A：どこで 食（た）べましょうか。
B：あの レストラン＿＿＿ しませんか。
1. に　　2. は　　3. で　　4. を

3） すみません。プレゼント＿＿＿ので リボンを つけて ください。
1. が する　　2. で なる　　3. を なる　　4. に する

73　1） 2　　2） 1　　3） 4

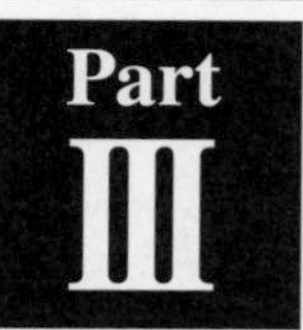

(5) 推量（すいりょう） Conjecture

74. ～だろう

意味 probably ～ <*plain form of* "～でしょう">

✓When such sentences include interrogatives, the meaning changes to "I wonder …"

接続

V / い-adj } plain form } だろう

な-adj / N } plain form (～~~だ~~) } だろう

例文

① 山田（やまだ）さんは たぶん 来（こ）ないだろう。
Ms. Yamada will probably not come.

② あの へんは 今（いま）ごろ きっと 寒（さむ）いだろう。
I think that area must be cold around this time.

③ あの マンションなら 駅（えき）から 近（ちか）いし、たぶん べんりだろう。
That apartment is close to the station, so probably convenient.

④ この かばんは ヤンさんのじゃ ないだろう。
I don't think that this bag is Mr. Yang's.

⑤ 田中（たなか）さんの たんじょうびは いつだろう。
I wonder when Mr. Tanaka's birthday is.

【練習問題】

1）この 仕事なら、1時間ぐらいで ＿＿＿だろう。
　1. 終わって　　2. 終わる　　3. 終わります　　4. 終われ

2）その レストランは たぶん よやくが ＿＿＿だろう。
　1. ひつよう　　2. ひつような　　3. ひつように　　4. ひつようで

3）かばんが ない。どこ ＿＿＿。
　1. みたい　　2. らしい　　3. ようだ　　4. だろう

75. ～だろうとおもう

意味 I think (probably) ～

接続

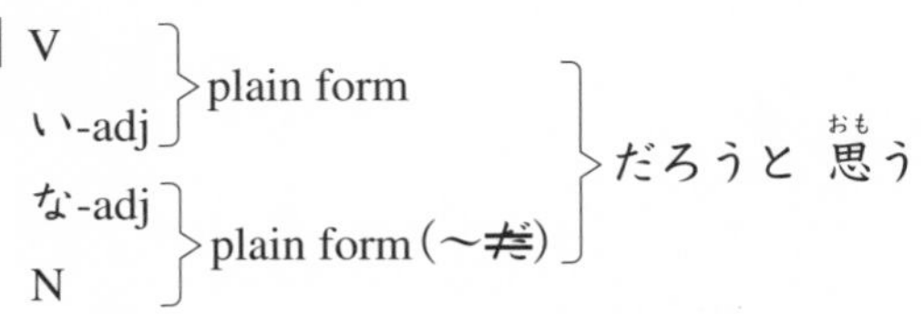

例文

① A：毎日 暑いですね。
　B：ええ、あしたも 暑く なるだろうと 思いますよ。
　A：It's hot everyday, isn't it?
　B：Yes, I think it'll probably be hot tomorrow as well.

② あの レストランは たぶん 高いだろうと 思います。
　I think that restaurant is probably expensive.

③ その 町は あまり あんぜんじゃ ないだろうと 思いますよ。気を つけて 旅行して ください。
　I think that town is probably not so safe. Please be careful when you travel there.

74　1）2　　2）1　　3）4

④ A：田中(たなか)さんの 会社(かいしゃ)は 土曜日(どようび) 休(やす)みでしょうか。
B：いいえ、田中(たなか)さんは 土曜日(どようび) いつも 仕事(しごと)を して いますから、休(やす)みじゃ ないだろうと 思(おも)います。
A：Is Mr. Tanaka's company closed on Saturdays?
B：No, Mr. Tanaka always works on Saturdays, so I don't think it's closed.

【練習問題】

1）山(やま)の 上(うえ)は ここより もっと ＿＿＿だろうと 思(おも)いますよ。
　1．寒(さむ)く　2．寒(さむ)いと　3．寒(さむ)くて　4．寒(さむ)い

2）あしたの パーティーは たぶん 20人(にん)ぐらい ＿＿＿だろうと 思(おも)います。
　1．来(く)る　2．来(き)て　3．来(き)た　4．来(こ)よう

3）そこは 人口(じんこう)が 少(すく)ないですから、＿＿＿だろうと 思(おも)います。
　1．しずかな　2．しずか　3．しずかだ　4．しずかに

75　1）4　2）1　3）2

76. ～かもしれない

意味 might ～, perhaps ～

接続

V い-adj	plain form	かも しれない
な-adj N	plain form (～~~だ~~)	

例文

① 今(いま)から 急(いそ)げば、間(ま)に合(あ)うかも しれません。
If you hurry now, you might be in time.

② あの スーパーは 何(なん)でも 安(やす)いですが、品物(しなもの)が あまり よくないかも しれません。 Everything is cheap in that supermarket. But probably the things are not so good.

③ その 店(みせ)の 人(ひと)は あまり 親切(しんせつ)じゃ ないかも しれません。
The staff in that shop might not be so polite.

④ かれは とても 重(おも)い 病気(びょうき)かも しれません。
I think he might be seriously ill.

【練習問題】

1）田中(たなか)さんは その ニュースを まだ ＿＿＿かも しれない。
1．知(し)らない　2．知(し)る　3．知(し)って　4．知(し)った

2）かのじょの ごりょうしんは けっこんに ＿＿＿かも しれません。
1．はんたいで　2．はんたいだ　3．はんたい　4．はんたいの

3）＿＿＿かも しれないから、セーターを 持(も)って いこう。
1．寒(さむ)かった　2．寒(さむ)い　3．寒(さむ)くて　4．寒(さむ)く

4）あした 東京(とうきょう)に たいふうが ＿＿＿かも しれません。
1．来(き)ます　2．来(こ)よう　3．来(き)て　4．来(く)る

76　1）1　2）3　3）2　4）4

77. ～らしい

意味 It seems ～, It appears ～, I heard ～

接続
V } plain form
い-adj }
な-adj } plain form (～~~だ~~)
N }
→ らしい

例文
① 北海道(ほっかいどう)では もう ゆきが ふって いるらしいです。
It seems it's already snowing in Hokkaido.

② その 映画(えいが)は あまり おもしろくないらしいので、ほかの 映画(えいが)を 見(み)る ことに しました。
It seems that film is not so interesting, so I decided to see another one.

③ ヤンさんの 話(はなし)では 外国人(がいこくじん)が 日本(にほん)で せいかつして いくのは たいへんらしいです。 According to Mr. Yang, it seems that foreign people living in Japan have a hard time.

④ 火曜日(かようび)なのに 店(みせ)が しまって います。きょうは 休(やす)みらしいですね。
Although it's Tuesday this shop is closed. They seem to be taking the day off.

【練習問題】

1) どうも その 話(はなし)は ＿＿＿らしい。
1. ほんとうの　2. ほんとうな　3. ほんとうだ　4. ほんとうじゃ ない

2) ニュースで 言(い)って いましたが、今年(ことし)は たくさんの 人(ひと)が 外国(がいこく)へ ＿＿＿らしい ですよ。
1. 出(で)かけた　2. 出(で)かけて　3. 出(で)かけました　4. 出(で)かけ

3) みんな すって いるから、ここで たばこを すっても いい＿＿＿。
1. ためだ　2. つもりだ　3. らしい　4. よていだ

77 1) 4　2) 1　3) 3

78. ～ようだ

意味 It seems ～, It looks like ～

接続

V ｝ plain form
い-adj ｝
な-adj plain form (～~~だ~~ → ～な)
N plain form (～~~だ~~ → ～の)
｝ようだ

例文

① いい においが します。だれか ケーキを やいて いるようです。
Something smells good. It seems like somebody is baking a cake.

② きのうの パーティーは あまり 楽(たの)しくなかったようですね。
It seems that yesterday's party wasn't so good, was it?

③ かれは 野菜(やさい)を ぜんぜん 食(た)べませんね。野菜(やさい)が きらいなようです。
He doesn't eat any vegetables, does he? It looks like he doesn't like them.

④ A：大川(おおかわ)さん、大川(おおかわ)さん、いますか。… かぎが かかって いますね。
B：電気(でんき)も きえて います。るすのようですね。
A：Ms. Okawa, Ms. Okawa. Are you there? The door's locked, isn't it?
B：The lights are off as well. It looks like nobody is home.

【練習問題】

1）声が 聞こえます。となりの へやに だれか ＿＿＿ようです。

1．いた　　2．いる　　3．いない　　4．いて

2）A：どこで さいふを おとしたんですか。

B：よく わかりませんが、電車の 中で ＿＿＿ようです。

1．おちて　　2．おとす　　3．おとした　　4．おちる

3）あの 人は ほんとうに 子どもが ＿＿＿ようですね。

1．好きな　　2．好きの　　3．好きで　　4．好きだ

4）A：料理の 味は どうですか。

B：うーん、しおが ＿＿＿ようです。

1．たりる　　2．たりなく　　3．たりなくて　　4．たりない

78 1）2　2）3　3）1　4）4

79. 〜はずだ

意味 should 〜, ought to 〜

接続
V / い-adj plain form ＞ はずだ
な-adj plain form（〜~~だ~~ → 〜な）＞ はずだ
N plain form（〜~~だ~~ → 〜の）＞ はずだ

例文

① きょう、手紙(てがみ)を 出(だ)せば、あした そちらに 着(つ)く はずです。
If you post that letter today, it should arrive there tomorrow.

② 田中(たなか)さんの 会社(かいしゃ)は 社員(しゃいん)が 少(すく)ないのに、3人(にん)も 休(やす)んでいるので、いそがしい はずです。
Though Mr. Tanaka's company has few employees, three are off today, so they must be busy.

③ ヤンさんの おくさんは 料理(りょうり)の 先生(せんせい)だから、料理(りょうり)が 上手(じょうず)な はずです。
Mr. Yang's wife is a cookery teacher, so she must be good at cooking.

④ きょうは 日曜日(にちようび)だから、会社(かいしゃ)は 休(やす)みの はずです。
Today is Sunday, so the company should be closed.

⑤ A：あのう、100円(えん) 入(い)れても、飲(の)み物(もの)が 出(で)てこないんですが。
B：出(で)ない はずですよ。この 飲(の)み物(もの)は 120円(えん)ですから。
A：Excuse me. Even though I've put in 100 yen, the drink won't come out.
B：It shouldn't come out. That drink is 120 yen.

80. ～はずがない

意味 have no expectation that ～

接続

V, い-adj plain form → はずが　ない

な-adj plain form (～~~だ~~ → ～な) → はずが　ない

N plain form (～~~だ~~ → ～の) → はずが　ない

“～ない　はずだ” vs. “～はずが　ない”

“～はずが　ない” is a stronger expression than “～ない　はずだ”.

例）A：きょうの　パーティーに　佐藤さんは　来ますか。

B：仕事が　あると　言って　いましたから、来ない　はずですよ。

A：大川さんは？

B：あの　人は　パーティーが　きらいだと　言って　いましたから、来る　はずが　ありませんよ。

A：Will Mr. Sato come to today's party?

B：He said that he has to work, so he probably won't come.

A：What about Ms. Okawa?

B：She said she hates parties so there is no way she's coming.

例文 ① そんな たいへんな 仕事(しごと)が 子(こ)どもに できる はずが ありません。
There's no way a child could do such a tough job.

② 2さいの 子(こ)どもでも できる テストなら、おとなに むずかしい はずが ありません。
There's no way a test for a two-year-old would be too difficult for an adult.

③ 駅(えき)から 近(ちか)くて、新(あたら)しい アパートなら 安(やす)い はずが ありません。
There's no way a new apartment near the station is going to be cheap.

④ あの 人(ひと)は いい 人(ひと)です。悪(わる)い 人(ひと)の はずが ありません。
He/She is a good person. He/She can't be bad.

【練習問題】

1) まだ とどいて いませんか。3日(か)で ______ はずなんですが。
　1. とどかない　　2. とどいた　　3. とどいて　　4. とどく

2) ヤンさんは 10時(じ)までに 来(く)ると 言(い)って いましたから、 そろそろ ______ はずだ。
　1. 来(く)る　　2. 来(き)て　　3. 来(こ)ない　　4. 来(き)た

3) この カメラの ほうが あの カメラより 使(つか)いかたが ______はずです。
　1. かんたん　　2. かんたんの　　3. かんたんな　　4. かんたんで

4) 田中(たなか)さんのように 頭(あたま)の いい 人(ひと)が そんな やさしい 問題(もんだい)を まちがえる ______。
　1. ない はずだ　　2. のない はずだ
　3. はずが ない　　4. はずでは ない

79 80　1) 4　2) 1　3) 3　4) 3

Part III 練習問題 54.〜 80.

Practice exercises

1）あの 店(みせ)は この 店(みせ)＿＿＿ 料理(りょうり)が おいしいです。

1.とは　2.では　3.ほう　4.より

2）今週(こんしゅう)は いそがしかった。しゅうまつ、ゆっくり ＿＿＿。

1.休(やす)もう　2.休(やす)みよう　3.休(やす)よう　4.休(やす)みしよう

3）あと 2年(ねん) 日本(にほん)に 住(す)む ＿＿＿。

1.ことに あります　2.ことが しました

3.ことが あります　4.ことに しました

4）こうえんの 花(はな)を ＿＿＿と したら、こうえんの 人(ひと)に 注意(ちゅうい)されました。

1.とり　2.とる　3.とって　4.とろう

5）ヤンさんは さいきん 日本語(にほんご)が 上手(じょうず)に ＿＿＿。

1.なって いきました　2.なって みました

3.なって きました　4.なって きます

6）その レストランなら どの 料理(りょうり)でも おいしい ＿＿＿ですよ。

1.はず　2.つもり　3.ばかり　4.もの

7）あしたは ゆうがたから ＿＿＿でしょう。

1.寒(さむ)く なって　2.寒(さむ)く なり　3.寒(さむ)く なる　4.寒(さむ)く なった

8）母(はは)より 父(ちち)の ＿＿＿が 料理(りょうり)が 上手(じょうず)です。

1.ほう　2.だけ　3.でも　4.まで

9）1年間(ねんかん) 外国(がいこく)で 働(はたら)く ＿＿＿に なりました。

1.もの　2.こと　3.の　4.はず

10）この きかいは へんな 音(おと)が する。＿＿＿ようだ。

1.こわれる　2.こわれて　3.こわれて いる　4.こわれ

11）A：この 本と あの 本と、＿＿＿が 読みやすいですか。
　　B：この 本の ほうが 読みやすいですよ。
　　1．どちら　　2．だれ　　3．どこ　　4．どの

12）この ケーキは とても 大きいので、ナイフで 切って
　　＿＿＿ しましょう。
　　1．半分で　　2．半分が　　3．半分の　　4．半分に

13）ここで たばこを ＿＿＿ いけません。
　　1．すっては　　2．すいては　　3．すわない　　4．すうては

14）せかいは これから もっと かわって ＿＿＿だろう。
　　1．いった　　2．きた　　3．いく　　4．きて

15）私の 国の 夏も 暑いですが、日本 ＿＿＿では ありません。
　　1．より　　2．ほう　　3．ほど　　4．まで

16）田中さんの たんじょうびに 花を ＿＿＿と 思って います。
　　1．あげます　　2．あげろう　　3．あげるよう　　4．あげよう

17）火事だ。＿＿＿。
　　1．にげ　　2．にげるな　　3．にげろ　　4．にげない

18）大学を そつぎょうしたら、父の 会社に ＿＿＿ つもりです。
　　1．つとめる　　2．つとめて　　3．つとめ　　4．つとめよう

19）ぜんぜん およげませんでしたが、毎日 プールで れんしゅうしたので、
　　およげる＿＿＿。
　　1．ように しました　　2．ように なりました
　　3．ことに なりました　　4．ことに しました

20）毎日 肉料理ばかり 食べて いるので、きょうは 魚料理＿＿＿
　　しましょう。
　　1．に　　2．は　　3．が　　4．で

21）ズボンが 長すぎたので、店の 人に ＿＿＿ して もらいました。
　　1．短い　　2．短く　　3．短いに　　4．短くて

22) 日本(にほん)の けいざいは これから よく ＿＿＿だろうと 思(おも)います。

1. なり　2. なって　3. なる　4. なろう

23) 社長(しゃちょう)じゃ ないのに、そんな 大切(たいせつ)な ことを 私(わたし)が 決(き)めて いい ＿＿＿。

1. かも しれない　2. はずが ない

3. では ない　4. ばかりだ

24) どうも かれは 有名(ゆうめい)な せいじ家(か)の ＿＿＿らしい。

1. むすこで　2. むすこだ　3. むすこの　4. むすこ

25) 私(わたし)の 会社(かいしゃ)では 毎朝(まいあさ) 仕事(しごと)の 前(まえ)に そうじを ＿＿＿ ことに なって います。

1. した　2. する　3. して　4. しよう

練習問題 54.～80.

1） 4 58	2） 1 67	3） 4 72	4） 4 69	5） 3 66
6） 1 79	7） 3 62	8） 1 59	9） 2 64	10） 3 78
11） 1 61	12） 4 65	13） 1 57	14） 3 66	15） 3 60
16） 4 68	17） 3 54	18） 1 71	19） 2 63	20） 1 73
21） 2 65	22） 3 75	23） 2 80	24） 4 77	25） 2 64

Part IV (1) 理由（りゆう） Reason

81. ～から

意味 Because ～

接続
V
い-adj
な-adj
N
} polite form / plain formから

例文

① ゆうべ よく{ねました / ねた}から、きょうは 元気（げんき）です。

As I slept well last night, I feel good today.

② ここは{あぶないです / あぶない}から、気（き）を つけて ください。

As it's dangerous here, please be careful.

③ 学生（がくせい）の とき、英語（えいご）が{好（す）きでした / 好（す）きだった}から、英語（えいご）の 先生（せんせい）に なりました。

As I liked English when I was a student, I became an English teacher.

④ きょうは 子どもの {たんじょうびです / たんじょうびだ} から、ケーキを 作ろうと 思います。

As it's my child's birthday today, I think I'll bake a cake.

⑤ A：日曜日、どこかへ 行きましたか。

B：いいえ、どこへも 行きませんでした。雨でしたから。

A：Did you go anywhere on Sunday?

B：No, I didn't go anywhere. Since it was raining.

⑥ きのうは いつもより 早く 帰りました。用事が あったからです。

I went home earlier than usual yesterday. It's because I had something to do.

☑ When a sentence ends with "〜からです", only the plain form can be used before "から".

○ 用事が あったからです。

Because I've got something to do.

× 用事が ありましたからです。

【練習問題】

1）先週は ＿＿＿から、テレビを 見る 時間が なかった。

1. いそがしい　　2. いそがしくて
3. いそがしかった　　4. いそがしかって

2）もうすぐ 日が ＿＿＿から、早く 帰りましょう。

1. くれて　　2. くれた　　3. くれる　　4. くれよう

3）きのうは 仕事が ＿＿＿から、昼まで ねて いた。

1. 休みだって　　2. 休みだった　　3. 休みで　　4. 休みだ

4）佐藤さんは ＿＿＿から、いろいろ 教えて くれると 思います。

1. 親切　　2. 親切に　　3. 親切な　　4. 親切だ

81　1）3　2）3　3）2　4）4

82. ～ので

意味 since ～, because ～

接続

V い-adj	plain form	ので、～
な-adj N	plain form（～~~だ~~→～な）	

例文

① 漢字(かんじ)が　わからないので、ひらがなで　書(か)いても　いいですか。
I don't know kanji, so can I write it in hiragana?

② ゆうべは　とても　ねむかったので、早(はや)く　ねました。
I was really sleepy last night, so I went to bed early.

③ この　きっさてんは　しずかなので、本(ほん)を　読(よ)むのに　いいです。
As this coffee shop is quiet it's a good place to read.

④ きょうは　日曜日(にちようび)なので、銀行(ぎんこう)は　休(やす)みです。
Today's Sunday, so the banks are closed.

☑ The polite form can be used before "ので" in order to make the sentence very polite.

例）うかがいたい　ことが　［あります］ので、あとで　お電話(でんわ)します。

I have something I'd like to ask you, so I 'll phone later.

☑ "から" vs. "ので"

Unlike with "から", it is impossible to end a sentence with "～のでです".

例）田中(たなか)さんは　英語(えいご)が　上手(じょうず)です。
- ○ アメリカに　住(す)んで　いたからです。
- × アメリカに　住(す)んで　いたのでです。

Mr. Tanaka is good at English. It's because he lived in America.

【練習問題】

1）おなかが ______ので、サンドイッチを 食べました。

　1．すき　　2．すくな　　3．すいて　　4．すいた

2）この てらは ______ので、毎日 おおぜいの 人が 見物に 来ます。

　1．ゆうめい　　2．ゆうめな　　3．ゆうめいな　　4．ゆうめいだ

3）家が ______ので、毎朝 早く 家を 出なければ ならない。

　1．遠い　　2．遠いな　　3．遠く　　4．遠くて

83. ～て／で

意味 as ～, since ～, so ～

接続

V て-form
Vない-form（～な~~い~~→～くて）
い-adj（～~~い~~→～くて）
な-adj（～~~な~~→～で）

} 、～

例文

① その ニュースを 聞いて、おどろきました。
I was surprised to hear that news.

② お金が なくて、旅行に 行けませんでした。
I had no money, so I couldn't go on a trip.

③ この はこは 重くて、1人では 持てません。
This box is too heavy for one person to carry.

④ この 地図は ふくざつで、わかりにくいです。
This map is complicated and hard to understand.

82　1）4　　2）3　　3）1

☑ Expressions that convey the speaker's volition（intentions, invitations, requests, etc.）cannot be used after "～て".

例）この　コーヒーは　にがくて、
- ○ 飲(の)めません。
  This coffee is too bitter to drink.
- × さとうを　入(い)れます。
- × さとうを　入(い)れましょう。
- × さとうを　入(い)れて　ください。
- × さとうを　入(い)れた　ほうが　いいです。

【練習問題】

1）かぜを ＿＿＿、学校(がっこう)を　休(やす)みました。

1．ひくて　　2．ひいて　　3．ひいてで　　4．ひいたで

2）この　漢字(かんじ)は ＿＿＿、おぼえやすい。

1．かんたんで　　2．かんたんなで

3．かんたんにで　　4．かんたんので

3）この　ズボンは ＿＿＿、はけない。

1．小(ちい)さいて　　2．小(ちい)さくて　　3．小(ちい)さで　　4．小(ちい)さいで

83　1）2　　2）1　　3）2

84. ～し

意味　～ and ～ *<often used to list reasons>*

接続

V
い-adj
な-adj
N

} plain form し、～

例文

① つかれたし、のども かわいたし、少し 休みたいです。
I'm tired, and I'm also thirsty, so I want to have a little rest.

② この かばんは、軽いし、じょうぶなので、使いやすいです。
As this bag is light and strong, it is easy to use.

③ 店員も 親切だし、品物も 多いから、いつも この 店で 買い物します。
As the staff are polite and they have a wide-range of products, I always shop here.

④ きのうは 日曜日だったし、天気も よかったので、どうぶつえんは 人が 多かったです。
As yesterday was Sunday, and the weather was good, there were a lot of people at the zoo.

⑤ この 花びんは、色も きれいだし、かたちも いいです。（ですから、買いたいです。）
This vase is a beautiful color and has a good shape.（So I want to buy it.）

【練習問題】

1）この 川(かわ)は あまり ＿＿＿し、水(みず)も きれいだから、子(こ)どもでも およぐ ことが できる。

1．ふかくない　　2．ふかくないで

3．ふかくなく　　4．ふかくなくて

2）兄(あに)は よく 運動(うんどう)＿＿＿し、よく ねるので、病気(びょうき)に なる ことが ありません。

1．して　　2．しよう　　3．する　　4．するの

3）大川(おおかわ)さんは、＿＿＿し、仕事(しごと)も よく できる。

1．まじめ　　2．まじめだ　　3．まじめな　　4．まじめの

84　1）1　　2）3　　3）2

85. ～ため(に)

☑ "～ため(に)" has two different meanings: <cause, reason> and <purpose>.

A　意味　because ～, due to ～ *<cause, reason>*

接続
V ／ い-adj } plain form
な-adj plain form (～~~だ~~→～な)
N plain form (～~~だ~~→～の)
} ため(に)、～

例文
① 父(ちち)は、たばこを すいすぎた ために、病気(びょうき)に なりました。
Because my father smoked too much he became ill.

② 私(わたし)の うちは、大(おお)きい 通(とお)りに 近(ちか)い ため、車(くるま)の 音(おと)が うるさいです。
As my house is close to a main road, the traffic noise is loud.

③ この 工場(こうじょう)の 中(なか)は きけんな ために、入(はい)る ことが できません。
As inside this factory is dangerous, you can't go in.

④ 長(なが)く つづいた せんそうの ため、おおぜいの 人(ひと)が なくなりました。
Many people died due to the on-going long war.

B　意味　in order to ～, for（the benefit of）～ *<purpose>*

接続　V dictionary form ｝ため（に）、～
　　　Nの ｝

例文　① 日本の 大学に 入る ために、日本語を 勉強して います。
I am studying Japanese so I can get into a Japanese university.
② 家族の ために、いっしょうけんめい 働きます。
I work hard for my family.

【練習問題】

1）大きな じしんが ＿＿＿ ために、電車が 止まって しまいました。
　1．ある　　2．あるの　　3．あった　　4．あって

2）あの 人の 英語は、発音が ＿＿＿ ために、よく わからない ことが ある。
　1．悪い　　2．悪いの　　3．悪く　　4．悪くて

3）病気＿＿＿、1か月 入院しました。
　1．ため　　2．のため　　3．なため　　4．にため

4）旅行に ＿＿＿ ために、新しい カメラを 買った。
　1．持って いって　　2．持って いった
　3．持って いこう　　4．持って いく

85　1）3　　2）1　　3）2　　4）4

Part Ⅳ (2) 条件(じょうけん) Conditional

86. 条件形 Conditional form

V	dictionary form	conditional form			conditional form
Ⅰ	いう	いえば	い-adj	やすい	やすければ
	かく	かけば		おいしい	おいしければ
	いそぐ	いそげば		いい	＊よければ
	はなす	はなせば	な-adj	ひまな	ひまなら
	まつ	まてば		しずかな	しずかなら
	しぬ	しねば	N	やすみ	やすみなら
	よぶ	よべば		あめ	あめなら
	とる	とれば			
Ⅱ	たべる	たべれば			
	みる	みれば			
Ⅲ	する	すれば			
	くる	くれば			

《否定(ひてい)の形(かたち)》 negative form

V	いわない	→	いわなければ
い-adj	やすくない	→	やすくなければ
な-adj	ひまじゃ ない	→	ひまじゃ なければ
N	やすみじゃ ない	→	やすみじゃ なければ

意味 if ～

例文 ① A：毎日、朝ご飯を 食べますか。

B：時間が あれば 食べますが、なければ 食べません。

A：Do you have breakfast every day?

B：If I have time, I do; if not, I don't.

② 質問が あるんですが、だれに 聞けば いいですか。

I have a question. Whom should I ask?

③ 天気が よければ、この ビルの 屋上から 富士山が 見えます。

When the weather is good, you can see Mt. Fuji from the top of this building.

④ こんばん ひまなら、いっしょに 食事に 行きませんか。

If you are free this evening, why don't we have dinner together?

⑤ A：何曜日が 都合が いいですか。

B：月曜日じゃ なければ、何曜日でも いいです。

A：What day is convenient for you?

B：Apart from Monday, any day is fine.

【練習問題】

1） ______、まどを しめて ください。

1．さむなら　2．さむくなら

3．さむかれば　4．さむければ

2） タクシーで ______、ここから くうこうまで 15分で 着くだろう。

1．行けば　2．行けなら　3．行くたら　4．行くれば

3） あした ______、どこへも 行かないで、うちに います。

1．雨だなら　2．雨なら　3．雨れば　4．雨ければ

4） 本を 借りたいんですが、どう ______ いいですか。

1．されば　2．せれば　3．すれば　4．しれば

86　1） 4　2） 1　3） 2　4） 3

87. ～と

A 意味 When ～, If ～ *<inevitable condition>*

接続
V
い-adj
な-adj
N
} plain form (non-past) と、～ (non-past)

例文
① まっすぐ 行くと、右に 銀行が あります。
Go straight and you'll find a bank on the right.

② パスポートが ないと、外国へ 行けません。
If you don't have a passport you can't go abroad.

③ 駅から 遠いと、不便です。
If the station is far it's inconvenient.

④ まわりが しずかだと、よく 勉強できます。
I can study well in a quiet place.

⑤ A：日本の 映画館は 高いですね。
B：ええ。でも、学生だと、少し 安く なりますよ。
A：Japanese cinemas are expensive, aren't they?
B：Yes, but if you're a student, it's a little cheaper.

☑ Expressions that include the speaker's volition (intentions, invitations, requests, etc.) cannot be used after "～と".

例）春(はる)に なると、
- ○ さくらが さきます。
  When it becomes spring, the cherry blossoms bloom.
- × さくらを 見(み)に 行(い)きたいです。
- × さくらを 見(み)に 行(い)こうと 思(おも)います。
- × さくらを 見(み)に 行(い)きませんか。
- × さくらを 見(み)に 行(い)きましょう
- × さくらを 見(み)に 行(い)って ください。
- × さくらを 見(み)に 行(い)った ほうが いいです。

☑ "～と いい" shows the speaker's wish.

例）① 早(はや)く かぜが なおると いいんですが。
I hope I get over this cold soon.

② A：あした、ハイキングに 行(い)くんでしょう？
B：そう。いい 天気(てんき)だと いいんだけどね。
A：You are going hiking tomorrow, aren't you?
B：Yes. I hope it will be fine.

B 意味 When ～, then ～ <*discovery*>

接続 V dictionary formと、～(past tense)

例文 ① まどを 開(あ)けると、みずうみが 見(み)えました。
When I opened the window I could see a lake.

② 外(そと)に 出(で)ると、強(つよ)い 風(かぜ)が ふいて いました。
When I went outside there was a strong wind blowing.

【練習問題】

1）A：きょうは 人が 少ないですね。

B：ええ。でも、休みの 日＿＿＿と、とても こんで いるんですよ。

1．な　　2．なの　　3．だ　　4．だった

2）冬に ＿＿＿と、近くの 山で スキーが できます。

1．なる　　2．なろう　　3．なって　　4．なった

3）字が ＿＿＿と、読みにくい。

1．小さく　　2．小さくて　　3．小さ　　4．小さい

4）うちに ＿＿＿と、田中さんから 手紙が 来て いた。

1．帰り　　2．帰る　　3．帰って　　4．帰った

87　1）3　2）1　3）4　4）2

88. ～たら

A　意味　If ～ *<supposition>*

接続
V
い-adj
な-adj
N
} plain form (past) ら、～(non-past)

例文
① あした はれたら、せんたくを しようと 思(おも)って います。
I think I'll do the washing tomorrow if the weather's nice.

② もし 休(やす)みが 1か月(げつ) あったら、何(なに)が したいですか。
If you had a month's holiday what would you want to do?

③ A：こんばん 見(み)に 行(い)く 映画(えいが)、おもしろいの？
B：さあ、わからない。もし おもしろくなかったら、とちゅうで 帰(かえ)ろう。
A：The film we are going to see tonight, is it interesting?
B：Well, I don't know. If it isn't interesting, let's leave in the middle.

④ カメラが ひつようだったら、私(わたし)のを 貸(か)して あげますよ。
If you need a camera, I can lend you mine.

⑤ あした、雨(あめ)じゃ なかったら、近(ちか)くの こうえんで コンサートが あります。
If it doesn't rain tomorrow, there's a concert in a nearby park.

B　意味　When ～, After ～ *<actions in sequence>*

接続　Vた-formら、～(non-past)

例文　① 2時(じ)に　なったら、出(で)かけます。
When it gets to two o'clock, I'll go out.
② 駅(えき)に　着(つ)いたら、電話(でんわ)を　ください。
Please call me when you arrive at the station.

C　意味　when ～, then ～ *<discovery>*（＝87. ～と B）

接続　Vた-formら、～(past tense)

例文　① まどを　開(あ)けたら、みずうみが　見(み)えました。
When I opened the window I could see a lake.
② 外(そと)に　出(で)たら、強(つよ)い　風(かぜ)が　ふいて　いました。
When I went outside a strong wind was blowing.

D　意味　How about doing ～ ?, Why don't you do ～ ? *<suggestion>*

接続　Vた-formら（どう）

例文　① A：来月(らいげつ)の　旅行(りょこう)なんですが、ホテルは　どう　しましょうか。
B：旅行会社(りょこうがいしゃ)に　行(い)って、そうだんして　みたら　どうですか。
A：Concerning the trip next month, what shall we do about a hotel?
B：How about going to a travel agent and talking about it?

② A：ああ、つかれた。

B：少(すこ)し 休(やす)んだら どう？

A：Oh, I'm tired

B：Why don't you have a break?

③ A：おなかが すいた。

B：何(なに)か 食(た)べたら？

A：I'm hungry.

B：Why don't you eat something?

【練習問題】

1）バスが ＿＿＿、歩(ある)いて 行(い)きましょう。

1．来(こ)ないだったら　　2．来(こ)ないかったら

3．来(こ)なかったら　　4．来(こ)なったら

2）これは 日本(にほん)の おかしです。＿＿＿、食(た)べなくても いいですよ。

1．好(す)きなかったら　　2．好(す)きくなかったら

3．好(す)きじゃ ないたら　　4．好(す)きじゃ なかったら

3）ねだんを しらべて、＿＿＿、買(か)う つもりです。

1．安(やす)いかったら　　2．安(やす)かったら

3．安(やす)いだったら　　4．安(やす)くだったら

4）まどの 外(そと)を ＿＿＿、ゆきが ふって いました。

1．見(み)て　　2．見(み)たと　　3．見(み)たり　　4．見(み)たら

5）A：なかなか いい じしょが 見(み)つからないんです。

B：学校(がっこう)の 先生(せんせい)に ＿＿＿ どうですか。

1．聞(き)くと　　2．聞(き)いたら　　3．聞(き)いて　　4．聞(き)いても

6）夏(なつ)に ＿＿＿、海(うみ)へ およぎに 行(い)きたい。

1．なったら　　2．なったり　　3．なると　　4．なったと

88　1）3　2）4　3）2　4）4　5）2　6）1

89. ～なら

A **意味** If that is the case ～ <*supposition*>

接続

V い-adj	plain form	なら、～
な-adj N	plain form（～~~だ~~）	

例文 ① A：こんばん たいふうが 来るそうですよ。

B：そうですか。たいふうが 来るなら、出かけない ほうが いいですね。

A：I heard that a typhoon is coming tonight.

B：Really? If a typhoon is coming, it is better not to go out, isn't it?

② A：ABCホテルは 駅から 遠いですよ。歩くと、30分ぐらい かかります。

B：そうですか。そんなに 遠いなら、タクシーで 行きます。

A：The ABC hotel is far from the station. If you walk, it takes about 30 minutes.

B：Really? If it's that far, I'll go by taxi.

③ 体が じょうぶなら、この 仕事は できると 思います。

If you are strong, I think you can do this job.

④ 急行電車なら、つぎの 駅には 止まらない はずです。

If it's an express train, it shouldn't stop at the next station.

⑤ ひっこすなら、どんな 所に 住みたいですか。

If you move, what kind of place do you want to live in?

☑ "～なら" is followed by an expression that conveys the speaker's judgment or a question asking for the listener's opinion.

B **意味** as for ～ *<used to take up a topic>*

接続 Nなら、～

例文 ① ステーキなら、駅前(えきまえ)の レストランが おいしいですよ。

If you're talking about steak, the restaurant in front of the station is delicious.

② カメラなら、日本(にほん)せいが いいと 思(おも)います。

If you're talking about cameras, I think Japanese-made ones are good.

【練習問題】

1）仕事(しごと)が ＿＿＿なら、きょうの パーティーは しゅっせきしなくても いいですよ。

1．いそがしく　2．いそがしくて

3．いそがし　4．いそがしい

2）あした 寒(さむ)く ＿＿＿なら、あつい コートを 持(も)って いった ほうが いいですね。

1．なり　2．なる　3．なって　4．なろう

3）A：何(なに)か 飲(の)み物(もの)、ありませんか。

B：飲(の)み物(もの)＿＿＿、れいぞうこに ジュースが 入(はい)って いますよ。

1．でも　2．で　3．なら　4．たら

4）こくさいけいざいの 勉強(べんきょう)を ＿＿＿、どこの 大学(だいがく)が いいと 思(おも)いますか。

1．するなら　2．すると　3．しても　4．したとき

89　1）4　2）2　3）3　4）1

90. ～ても／でも

意味 Even if ～

接続 Vて-form
い-adj (～~~い~~→～くて)
な-adj (～~~な~~→～で)
Nで
} も、～

《否定の形》 negative form (ひていのかたち)

V	いわない	→	いわなくても
い-adj	やすくない	→	やすくなくても
な-adj	ひまじゃ ない	→	ひまじゃ なくても
N	やすみじゃ ない	→	やすみじゃ なくても

例文
① ヤンさんは ねつが あっても、学校(がっこう)を 休(やす)みません。
Mr. Yang doesn't miss school even if he has a fever.
② いくら 考(かんが)えても、答(こた)えが わかりませんでした。
No matter how much I thought, I couldn't find the answer.
③ どんなに いそがしくても、毎日(まいにち) 新聞(しんぶん)を 読(よ)みます。
No matter how busy I am, I read the newspaper every day.
④ 日本語(にほんご)が 上手(じょうず)じゃ なくても、この 仕事(しごと)は だいじょうぶです。
Even if you are not good at Japanese, you can do this job.
⑤ ここは 夏(なつ)でも すずしいです。
Even though it's summer, it's cool here.

【練習問題】

1）試験(しけん)が ＿＿＿も、勉強(べんきょう)を つづける つもりです。

1．終(お)わり　2．終(お)わる　3．終(お)わって　4．終(お)わった

2）どんなに ＿＿＿も、毎朝(まいあさ) 30分(ぷん)は 走(はし)る ことに して いる。

1．寒(さむ)く　2．寒(さむ)くて　3．寒(さむ)い　4．寒(さむ)かった

3）サッカーの 試合(しあい)は 雨(あめ)＿＿＿ 行(おこな)われます。

1．でも　2．とも　3．ので　4．のに

4）＿＿＿ よんでも、へんじが なかった。

1．どうして　2．どのぐらい　3．いくつ　4．いくら

90　1）3　2）2　3）1　4）4

91. ～のに

意味 Even though ～, In spite of ～

<indicates something contrary to the speaker's expectation>

接続

V / い-adj } plain form } のに

な-adj / N } plain form (～~~だ~~→～な) } のに

例文

① 山田(やまだ)さんは いつも たくさん 食(た)べるのに、ぜんぜん 太(ふと)りません。

Even though Ms. Yamada eats a lot, she doesn't get fat at all.

② きょうは 寒(さむ)いのに、子(こ)どもたちは 外(そと)で 元気(げんき)に あそんでいます。

Even though it's cold today, the children are happily playing outside.

③ ヤンさんは 日本語(にほんご)が 上手(じょうず)なのに、あまり 日本語(にほんご)で 話(はな)しません。

Even though Mr. Yang is good at Japanese, he hardly ever uses it.

④ 冬(ふゆ)なのに、きょうは とても あたたかいです。

Even though it is winter, it is very warm today.

☑ "〜ので" vs. "〜のに"　⇒ 82. **〜ので**

むすめは あした 試験がある

- ので、うちで 勉強して います。
  As my daughter has an exam tomorrow, she is studying at home.
- のに、勉強しないで、あそんで います。
  Even though my daughter has an exam tomorrow, she isn't studying but playing.

☑ A sentence that ends with "のに" shows the speaker's strong feeling.

例）もっと 早く うちを 出れば 間に合ったのに。

If you had left earlier, you'd have been on time.

【練習問題】

1）ここは けしきが ＿＿＿のに、どうして あまり 人が 来ないんですか。

　1．きれい　　2．きれいな　　3．きれいで　　4．きれいだ

2）この エアコンは、そんなに ＿＿＿のに、よく こしょうする。

　1．古く　　2．古くて　　3．古くない　　4．古くなくて

3）さっきまで いい 天気＿＿＿のに、急に 雨が ふりはじめた。

　1．だった　　2．かった　　3．だ　　4．な

4）あまり 勉強＿＿＿のに、試験の てんは よかったです。

　1．しないで　　2．しなく　　3．しなくて　　4．しなかった

91　1）2　　2）3　　3）1　　4）4

Part IV 練習問題 81.～91.

Practice exercises

1）この けいたいは 使(つか)いかたが ＿＿＿ので、だれでも すぐ 使(つか)えるように なる。

1．かんたん　2．かんたんで　3．かんたんだ　4．かんたんな

2）にわが ＿＿＿から、にわで 写真(しゃしん)を とりましょう。

1．きれい　2．きれくて　3．きれいだ　4．きれいで

3）たいふう＿＿＿、ひこうきが とばなく なりました。

1．ため　2．なため　3．にため　4．のため

4）この サラダは ＿＿＿し、とても 体(からだ)に いい。

1．おいしい　2．おいしいだ　3．おいしく　4．おいしくて

5）あの 人(ひと)の 話(はなし)は ＿＿＿、よく わかりません。

1．むずかしいくて　2．むずかしくて

3．むずかしいで　4．むずかしで

6）この ボタンを ＿＿＿と、ドアが 開(あ)く。

1．おす　2．おして　3．おした　4．おそう

7）からい 物(もの)は だめですが、からい 物(もの) ＿＿＿ 何(なん)でも 食(た)べられます。

1．じゃ なけば　2．じゃ なくれば

3．じゃ なければ　4．じゃ ないければ

8）この コップは じょうぶだから、＿＿＿も われない。

1．おとす　2．おとし　3．おとした　4．おとして

9）きけんだ＿＿＿、ここで あそんでは いけない。

1．ため　2．から　3．ので　4．と

10）この へやは ストーブが つけて ある＿＿＿、あまり あたたかくない。

1．ため　2．ので　3．でも　4．のに

11）オートバイを 買(か)う______に、アルバイトを して います。

1．ため　　2．から　　3．ので　　4．のに

12）今(いま) すぐ きめられない______、少(すこ)し 考(かんが)えさせて ください。

1．で　　2．ので　　3．のに　　4．でも

13）とても おなかが すいて います。朝(あさ)ご飯(はん)を 食(た)べなかった ______です。

1．こと　　2．のに　　3．ので　　4．から

14）この 学校(がっこう)の 先生(せんせい)は ねっしんだ______、教(おし)えかたも 上手(じょうず)だ。

1．し　　2．と　　3．で　　4．ので

15）あした 山(やま)に のぼるので、はれる______ いいんですが。

1．ば　　2．し　　3．と　　4．ても

16）ふうとうを 開(あ)ける______、写真(しゃしん)が 入(はい)って いました。

1．と　　2．ば　　3．たら　　4．なら

17）この 料理(りょうり)は かんたんなので、子(こ)ども______ 作(つく)れる。

1．のに　　2．ても　　3．で　　4．でも

18）こんばん いい 天気(てんき)______、 ここから ほしが たくさん 見(み)えるだろう。

1．から　　2．ため　　3．なら　　4．たら

19）12時半(じはん)に ______、 食事(しょくじ)に 行(い)きませんか。

1．なると　　2．なったら　　3．なって　　4．なれば

20）タクシーの 中(なか)に にもつを わすれて しまったんですが、どう______ いいですか。

1．して　　2．しても　　3．するなら　　4．すれば

21）いくら ______、この シャツは きれいに ならない。

1．洗(あら)うのに　　2．洗(あら)っても　　3．洗(あら)うと　　4．洗(あら)ったら

22）外国(がいこく)を 旅行(りょこう)______、どこの 国(くに)へ 行(い)きたいですか。

1．すると　　2．すれば　　3．したら　　4．するなら

23）A：あした ゆきが ふっても、車(くるま)で 行(い)くんですか。

B：いいえ、ゆきが ______、電車(でんしゃ)に します。

1．ふったら　　2．ふると　　3．ふっても　　4．ふっては

24）A：私(わたし)の めがねを 見(み)ませんでしたか。

B：めがね＿＿＿ あの テーブルの 上(うえ)に ありますよ。

1．たら　　2．なら　　3．では　　4．でも

25）A：なかなか かぜが なおらないんです。

B：医者(いしゃ)に ＿＿＿ どうですか。

1．みて もらっても　　2．みて もらうなら

3．みて もらうと　　4．みて もらったら

練習問題 81.～91.

1） 4 82	2） 3 81	3） 4 85	4） 1 84	5） 2 83
6） 1 87	7） 3 86	8） 4 90	9） 2 81	10） 4 91
11） 1 85	12） 2 82	13） 4 81/82	14） 1 84	15） 3 87
16） 1 87	17） 4 90	18） 3 86	19） 2 88	20） 4 86
21） 2 90	22） 4 89	23） 1 88	24） 2 89	25） 4 88

(1) 尊敬語と謙譲語

(そんけいご / けんじょうご)

Respectful and humble expressions

尊敬語と謙譲語

意味 Both respectful and humble expressions are used to show the speaker's respect for the listener or the person being referred to. Respectful verbs or humble verbs are used depending on the agent (the subject of the sentence) as follows.

The subject of the sentence in respectful expressions (＝the agent)
1) The speaker's senior or superior 2) Someone who does not have a close relationship with the speaker 3) Someone who does not belong to the speaker's group such as his/her family or company, etc.

The subject of the sentence in humble expressions (＝the agent)
1) The speaker 2) Someone who belongs to the speaker's group such as his/her family or company, etc.

☑ When the speaker talks about his/her superior to someone who does not belong to the speaker's group, humble expressions are used for the superior's actions.

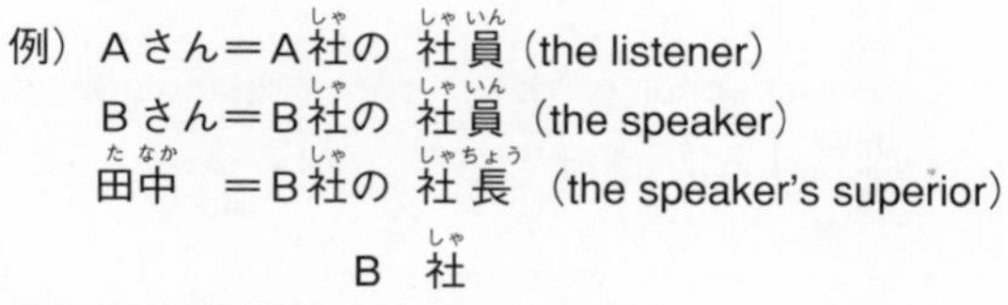
例）Aさん＝A社の 社員 (the listener)
　　Bさん＝B社の 社員（the speaker）
　　田中　＝B社の 社長（the speaker's superior）

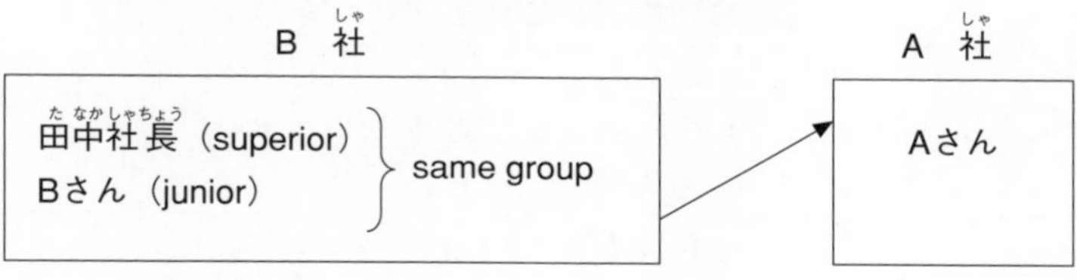

— 電話で —　On the phone

A：田中社長、いらっしゃいますか。

B：田中は、ただ今 ほかの 電話に 出て おりますが。

A：Is President Tanaka there?

B：Tanaka is presently on another phone.

特別な敬語　Special honorific words

	special respectful words	special humble words
いきます (go)	いらっしゃいます おいでに　なります	まいります
きます (come)	いらっしゃいます おいでに　なります みえます	まいります
います	いらっしゃいます おいでに　なります	おります
たべます のみます	めしあがります	いただきます
もらいます		いただきます
みます	ごらんに　なります	はいけんします
いいます	おっしゃいます	もうします もうしあげます
します	なさいます	いたします
くれます	くださいます	
あげます		さしあげます
ききます		うかがいます
たずねます (ask, visit)		うかがいます
しって　います	ごぞんじです	ぞんじて　います

(2) 尊敬語（そんけいご） Respectful expressions

92. 特別な尊敬語 Special respectful words

例文 ①【いらっしゃる】

A：社長（しゃちょう）は へやに いらっしゃいますか。

B：いいえ、さっき 外（そと）へ 食事（しょくじ）に いらっしゃいました。

A ：Is the president in his/her office?

B ：No, he/she went out to eat a little while ago.

②【いらっしゃる】【おいでに なる】【みえる】

A：先生（せんせい）は もう いらっしゃいましたか。

B：いいえ、まだです。もうすぐ おいでに なる はずですが…。

あ、みえたようです。

A ：Has the teacher already arrived?

B ：No, not yet. He/She should be here soon. Oh, here he/she is.

③【めしあがる】

A：おいしそうな おかしですね。

B：旅行（りょこう）の おみやげです。どうぞ めしあがって ください。

A ：They're delicious-looking sweets.

B ：They're a souvenir from my trip. Please help yourself.

④【ごらんに なる】

A：いい 写真ですね。どこで とったんですか。

B：アフリカです。どうぞ ごらんに なって ください。

A：What nice photos. Where did you take them?

B：In Africa. Please have a look.

⑤【おっしゃる】

A：あさっての テストに ついて 先生は 何と おっしゃいましたか。

B：漢字の 勉強を よく して おくように おっしゃいました。

A：What did the teacher say about the test the day after tomorrow?

B：He/She told me to study kanji hard.

⑥【ごぞんじだ】

A：小林さんに 赤ちゃんが 生まれたのを ごぞんじですか。

B：ええ。男の子だそうですね。

A：Did you know that Ms. Kobayashi had had a baby?

B：Yes. I heard it's a boy, isn't it?

⑦【なさる】

あしたの かいぎは 社長も しゅっせきなさるそうです。

I heard that the president will be attending tomorrow's meeting.

⑧【くださる】

けっこんの おいわいに かちょうが コーヒーカップを くださいました。

The section chief gave us coffee cups for our wedding present.

【練習問題】

1) A：先生は 教室ですか。

B：いいえ、研究室に ＿＿＿。

1. おいでします　　2. おいでに します

3. おいでに なります　　4. おいでされます

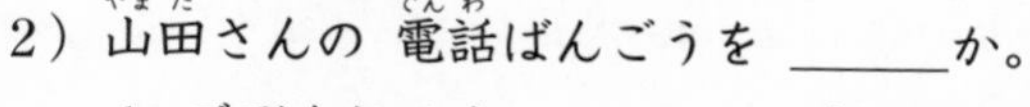

2) 山田さんの 電話ばんごうを ＿＿＿か。

1. ごぞんじです　　2. ごぞんじます

3. ごぞんじされます　　4. ごぞんじします

3) お昼は 何を ＿＿＿か。

1. めしあがりました　　2. めしあげました

3. おめしあげました　　4. めしあげに なりました

4) 社長は いつも 自分で 車の 運転を ＿＿＿。

1. いらっしゃいます　　2. くださいます

3. おっしゃいます　　4. なさいます

5) A：さっき かちょうから 電話が ありました。

B：そうですか。かちょうは 来週の よていに ついて 何か ＿＿＿いましたか。

1. いらっしゃって　　2. おっしゃって

3. おいでに なって　　4. くださって

6) A：ぶちょう、うけつけに おきゃくさんが ＿＿＿。

B：そう。じゃ、私の へやまで あんないして ください。

1. みえました　　2. ごらんに なりました

3. なさいました　　4. おっしゃいました

92　1) 3　2) 1　3) 1　4) 4　5) 2　6) 1

93. お～になる

接続 おVます-form(～~~ます~~)に なる

☑ This pattern cannot be used for the following verbs:

① Group III verbs

× お来(き)に なります (来(き)ます)

× お食事(しょくじ)に なります (食事(しょくじ)します)

② Verbs that have only one mora before "ます"

× お見(み)に なります (見(み)ます)

× おねに なります (ねます)

例文

① 先生(せんせい)は 何時(なんじ)ごろ おもどりに なりますか。

What time will the teacher be back?

② 社長(しゃちょう)は ぜんぜん おさけを お飲(の)みに なりません。

The president doesn't drink at all.

③ どうぞ あちらの いすに おかけに なって ください。

Please sit in the chair over there.

【練習問題】

1) 先生(せんせい)は 本(ほん)を 何(なん)さつも お書(か)きに ＿＿＿。

1. なりました　2. しました　3. ありました　4. いました

2) どうぞ こちらの はいざらを お使(つか)い＿＿＿ ください。

1. して　2. に して　3. なって　4. に なって

3) 社長(しゃちょう)は 会社(かいしゃ)の しょうらいに ついて ＿＿＿ なりました。

1. おはなし　2. おはなしに

3. おはなして　4. おはなしして

93　1) 1　2) 4　3) 2

94. ～(ら)れる（尊敬）

		respectful			respectful
I	いう	いわれる	II	たべる	たべられる
	かく	かかれる		みる	みられる
	いそぐ	いそがれる	III	する	される
	はなす	はなされる		くる	こられる
	まつ	またれる			
	よぶ	よばれる			
	のむ	のまれる			
	とる	とられる			

☑ The same verbs are used for the passive.

例文 ① おきゃくさまは もう 帰(かえ)られました。

The customer has already left.

② 小林先生(こばやしせんせい)は もうすぐ この 学校(がっこう)を やめられるそうです。

I heard that Ms. Kobayashi will quit this school soon.

③ おじょうさんは いつ けっこんされたんですか。

When did your daughter get married?

【練習問題】

1）先生(せんせい)は いつも 何時(なんじ)ごろ 食事(しょくじ)に ＿＿＿ますか。

1.行(い)かれ　2.行(い)かられ　3.お行(い)かれ　4.お行(い)かられ

2）ぶちょうの おくさんが 先週(せんしゅう) ＿＿＿そうです。

1.入院(にゅういん)に した　2.入院(にゅういん)に なった

3.入院(にゅういん)られた　4.入院(にゅういん)された

3）その 話(はなし)を 聞(き)いて、社長(しゃちょう)は たいへん ＿＿＿。

1.よろこびしました　2.よころびされました

3.よろこばれました　4.よろこばれなりました

94　1）1　2）4　3）3

Part V (3) 謙譲語(けんじょうご) Humble expressions

95. 特別な謙譲語 Special humble words

例文 ①【もうす】【まいる】

はじめまして。ヤンと もうします。

アメリカから まいりました。

How do you do? My name is Yang. I'm from America.

②【まいる】【おる】

午前中(ごぜんちゅう)は 工場(こうじょう)へ まいりますが、午後(ごご)は ずっと 会社(かいしゃ)に おります。

I am going to the factory in the morning, but will be in the office all afternoon.

③【いただく】

A：この サラダ、もう 少(すこ)し いただいても よろしいですか。

B：ええ、どうぞ たくさん めしあがって ください。

A：May I have a little more of this salad?

B：Yes, please have a lot more.

④【いただく】

会社(かいしゃ)を やめる とき、ぶちょうに 花(はな)を いただきました。

When I quit the company, I received flowers from the general manager.

⑤【はいけんする】

A：ちょっと にわを はいけんしても よろしいですか。

B：ええ、どうぞ ゆっくり ごらんに なって ください。

A：May I have a look at the garden?

B：Yes, please feel free to take your time.

⑥【もうしあげる】

私(わたし)は 社長(しゃちょう)に「みんな 同(おな)じ 意見(いけん)です」と もうしあげました。

I said to the president, "Everyone has the same opinion."

⑦【うかがう】

先生(せんせい)は 話(はなし)が 好(す)きで、いつも いろいろな 話(はなし)を して くださいます。

きのうは 先生(せんせい)の 学生時代(がくせいじだい)の 話(はなし)を うかがいました。

Our teacher likes talking, and he/she always tells us various stories. Yesterday, he/she was talking about his/her school days.

⑧【うかがう】

A：すみません。ちょっと うかがいたい ことが あるんですが。

B：はい、何(なん)ですか。

A：Excuse me. I have something I would like to ask you.

B：Yes, what is it?

⑨【いたす】【うかがう】

A：きょうは これで しつれいいたします。
　　また あす うかがいます。

B：ええ、お待(ま)ちして います。

A：I need to get going today. I'll come to see you again tomorrow.

B：Yes, I'll be waiting.

⑩【さしあげる】

あした いらっしゃる おきゃくさまに プレゼントを さしあげます。

We will give a present to the customer visiting tomorrow.

⑪【ぞんじて いる】

A：新(あたら)しい じむしょの 場所(ばしょ)を ごぞんじですか。

B：はい、ぞんじて います。

A：Do you know the location of the new office?

B：Yes, I do.

【練習問題】

1）かいぎが 中止(ちゅうし)に なった ことは 私(わたし)から 社長(しゃちょう)に ＿＿＿ おきます。

1．もうしあがって　　2．もうしあげて

3．もうしに なって　　4．もうして あげて

2）先生(せんせい)が かかれた えを ＿＿＿。

1．はいけんでした　　2．はいけんました

3．はいけんしました　　4．はいけんに なりました

3）その 話(はなし)は 小林先生(こばやしせんせい)に うかがって、＿＿＿。

1．ぞんじです　　2．ぞんじます

3．ぞんじします　　4．ぞんじて います

4）私(わたし)は 去年(きょねん) 大学(だいがく)を そつぎょう＿＿＿。

1．いたしました　　2．まいりました

3．おりました　　4．いただきました

5）私(わたし)は もう 20年以上(ねんいじょう) この 会社(かいしゃ)で 働(はたら)いて ＿＿＿。

1．いたします　　2．まいります

3．おります　　4．いただきます

6）こんばん 大川(おおかわ)さんの おたくに ＿＿＿ ことに なって います。

1．もうす　　2．いたす

3．はいけんする　　4．うかがう

7）A：きれいな ハンカチですね。

B：社長(しゃちょう)の おくさんに ＿＿＿んです。

1．なさった　　2．いたした

3．くださった　　4．いただいた

95

1）2　2）3　3）4　4）1　5）3　6）4　7）4

96. お／ご～する

接続 おV（Group I & II）ます-form（～~~ます~~）する
ごV（Group III） dictionary form

✓This pattern cannot be used for verbs that have only one mora before "ます".
× お見(み)します（見(み)ます）

✓There are some Group III verbs that are used with "お" instead of "ご".
例）こんばん 先生(せんせい)に お電話(でんわ)する つもりです。
I intend to call my teacher tonight.

例文 ① おきゃくさまに 品物(しなもの)を おわたししました。
I gave the merchandise to the customer.

② A：その にもつ、お持(も)ちしましょうか。
B：ありがとう ございます。おねがいいたします。
A：Can I help you with that luggage?
B：Yes, please. Thank you.

③ かいぎの 時間(じかん)が きまったら、ごれんらくします。
I'll contact you when the meeting time is fixed.

✓If "いたします" is used instead of "します", the sentence becomes more polite.
例）かいぎの 時間(じかん)が きまったら、ごれんらく<u>いたします</u>。
I will contact you when the meeting time is fixed.

【練習問題】

1）私（わたし）は、ぶちょうに 来週（らいしゅう）の よていに ついて お＿＿＿しました。

　1．聞（き）いて　　2．聞（き）かれ　　3．聞（き）き　　4．聞（き）きに

2）A：ボールペンを わすれて しまいました。

　B：じゃ、私（わたし）のを ＿＿＿ましょう。

　1．お貸（か）し　　2．お貸（か）しし　　3．お貸（か）しに し　　4．お貸（か）しに なり

3）先生（せんせい）に ＿＿＿ ことが あります。

　1．ごそうだんしたい　　2．ごそうだんされたい

　3．ごそうだんに したい　　4．ごそうだんに なりたい

96　1）3　2）2　3）1

Part V (4) 丁寧語 Polite expressions

97. ございます

意味 <*polite form of* “あります”>

例文 ① お手洗いは あちらに ございます。

The washroom is over there.

② この ビルの 屋上に プールが ございます。

There is a swimming pool on the roof of this building.

③ きゃく：りんごジュース、ありますか。

店員：りんごジュースは ございませんが、

オレンジジュースなら ございます。

Customer: Do you have apple juice?

Shop assistant: We don’t have apple juice, but we do have orange juice.

98. ～でございます

意味 <*polite form of* “です”>

例文 ① お手洗いは あちらで ございます。

The washroom is over there.

② 田中で ございます。どうぞ よろしく おねがいいたします。

I’m Tanaka. It’s nice to meet you.

③ こちらは うけつけでは ございません。

うけつけは 2かいで ございます。

This is not the front desk. The front desk is on the second floor.

【練習問題】

1) A：すみません。今、何時ですか。
B：3時5分前＿＿＿。
1. が ございます　　2. で ございます
3. が いらっしゃいます　　4. で いらっしゃいます

2) あまり 時間＿＿＿から、お急ぎ ください。
1. で ございません　　2. では ございません
3. が おりません　　4. が ございません

3) A：こちらの 休みは 何曜日ですか。
B：月曜日＿＿＿。
1. ございます　　2. に ございます
3. で ございます　　4. が ございます

97 98　1) 2　2) 4　3) 3

99. お／ご～ください

意味 Please do ～ *<polite form of* "～てください">

接続
おV (Group I & II) ます-form (～~~ます~~) ｝ください
ごV (Group III) ます-form (～~~します~~) ｝ください

- This pattern cannot be used for verbs that have only one mora before "ます".
  例) × お見(み)ください (見(み)ます)
- おいでに なる → おいで ください
  Please come.
  ごらんに なる → ごらん ください
  Please have a look.

例文
① どうぞ お入(はい)り ください。
Please come in.

② この 薬(くすり)は ねる 前(まえ)に お飲(の)み ください。
Please take this medicine before going to bed.

③ エレベーターが こしょうして いるので、かいだんを ごりよう ください。
The elevator is out of order, so please use the stairs.

④ また 来週(らいしゅう)の 月曜日(げつようび)に おいで ください。
Please come again next Monday.

【練習問題】

1）ここに ある パソコンは ごじゆうに ＿＿＿ ください。

1．お使(つか)って　2．お使(つか)われて　3．お使(つか)い　4．お使(つか)いして

2）ここに 使(つか)いかたの 説明(せつめい)が 書(か)いて ありますから、よく

お＿＿＿ ください。

1．読(よ)み　2．読(よ)む　3．読(よ)め　4．読(よ)んで

3）いい 学校(がっこう)を ごぞんじだったら、ぜひ ＿＿＿ ください。

1．ごしょうかいされて　2．ごしょうかいし

3．ごしょうかいして　4．ごしょうかい

4）こちらの 品物(しなもの)も どうぞ ＿＿＿ ください。

1．ごらん　2．ごらんに　3．ごらんで　4．ごらんに なり

99　1）3　2）1　3）4　4）1

Part V 練習問題 92.～99.

Practice exercises

1）ご主人は いつも 何時ごろ お帰りに ______か。

1. します　2. なります　3. されます　4. いらっしゃいます

2）すみませんが、ちょっと 電話を ______も いいですか。

1. 借りして　2. 借りられて　3. お借りして　4. お借りに なって

3）佐藤さんは おさけは 何でも ______そうです。

1. お飲みする　2. お飲みに なる　3. お飲まれる　4. お飲みされる

4）わからない ことが あったら、どうぞ えんりょなく ______ ください。

1. おたずね　2. おたずねて　3. おたずねに　4. おたずねられ

5）ぶちょうは ゆうがた 会社に ______ よていです。

1. もどられる　2. もどりになる

3. おもどられる　4. おもどりされる

6）佐藤さんの 住所を ______ら、教えて ください。

1. ごぞんじした　2. ごぞんじた

3. ごぞんじだった　4. ごぞんじされた

7）はじめまして。山田で ______。

1. おります　2. もうします　3. いたします　4. ございます

8）今 こしょうの げんいんを しらべて ______。しばらく お待ち ください。

1. おります　2. もうします　3. いたします　4. ございます

9）日本の 古い 映画を ______ ことが ありますか。

1. おみに なった　2. おみに した

3. ごらんに なった　4. ごらんに した

10）よく いらっしゃいました。どうぞ ＿＿＿ ください。

1．お上(あ)がりして　　2．お上(あ)がりに して
3．お上(あ)がりなって　　4．お上(あ)がりに なって

11）社長(しゃちょう)は 何時(なんじ)ごろ ＿＿＿か。

1．出(で)かけられました　　2．お出(で)かけられました
3．出(で)かけに なりました　　4．お出(で)かけました

12）小林先生(こばやしせんせい)は 学生(がくせい)の 質問(しつもん)に 1つずつ ていねいに ＿＿＿。

1．お答(こた)えて なさいました　　2．お答(こた)えに なりました
3．お答(こた)えて いたしました　　4．お答(こた)えに されました

13）パーティーの 場所(ばしょ)に ついては あとで 私(わたし)から みなさんに ＿＿＿。

1．お知(し)らせいただきます　　2．お知(し)らせなさいます
3．お知(し)らせございます　　4．お知(し)らせいたします

14）A：先生(せんせい)の 電話(でんわ)ばんごうが おわかりに なりますか。
B：はい、けいたいの ばんごうを ＿＿＿。

1．ぞんじします　　2．ごぞんじします
3．ぞんじて います　　4．ごぞんじて います

15）すみません。お名前(なまえ)は 何(なん)と ＿＿＿ か。

1．いらっしゃいます　　2．おっしゃいます
3．もうします　　4．ございます

16）先生(せんせい)が しょうかいして ＿＿＿ じしょを 買(か)う ことに しました。

1．くださった　　2．なさった
3．いただいた　　4．いたした

17）A：おきゃくさまは もう みえましたか。
B：ええ、5分(ふん)ぐらい前(まえ)に ＿＿＿。

1．ごらんに なりました　　2．おいでに なりました
3．はいけんしました　　4．まいりました

18) A：すみません。さっきの バスの 中(なか)に 上着(うわぎ)を わすれて
　　しまったんですが。

B：そうですか。どの へんに おいたか、おぼえて ______か。

1. いらっしゃいます　　2. なさいます

3. いただきます　　4. ございます

19) A：何(なに)か ______ましょうか。

B：ありがとう。じゃ、この にもつを 運(はこ)んで ください。

1. おてつだい　　2. おてつだいし

3. おてつだいされ　　4. おてつだいに なり

20) A：来週(らいしゅう) ご都合(つごう)の いい 日(ひ)に おいで ください。

B：そうですか。では、火曜日(かようび)に ______。

1. うかがいます　　2. おいでに なります

3. いらっしゃいます　　4. おいでいたします

21) A：かちょう、飲み物(のみもの)は 何(なん)に ______か。

B：ぼくは、ビール。

1. めしあがります　　2. なさいます

3. お飲(の)みに なります　　4. お飲(の)みします

22) A：お国(くに)は どちらですか。

B：中国(ちゅうごく)から ______。

1. もうしました　　2. おりました

3. いたしました　　4. まいりました

23) A：すみません。お手洗(てあら)いは どこですか。

B：2かいと 4かいに ______。

1. いらっしゃいます　　2. おります

3. まいります　　4. ございます

24) A：この 写真、＿＿＿も いいですか。

B：ええ、どうぞ ごらん ください。

1. お見せして　　2. お見せに なって

3. はいけんして　　4. はいけんされて

25) A：いつごろ こちらに いらっしゃいますか。

B：まだ はっきり わからないので、きまったら こちらから ごれんらく＿＿＿。

1. いただきます　　2. くださいます

3. なさいます　　4. いたします

練習問題 92.～99.

1） 2 93	2） 3 96	3） 2 93	4） 1 99	5） 1 94
6） 3 95	7） 4 98	8） 1 95	9） 3 92	10） 4 93
11） 1 94	12） 2 93	13） 4 95/96	14） 3 95	15） 2 92
16） 1 92	17） 2 92	18） 1 92	19） 2 96	20） 1 95
21） 2 92	22） 4 95	23） 4 97	24） 3 95	25） 4 95/96

Part VI 助詞（じょし） Particles

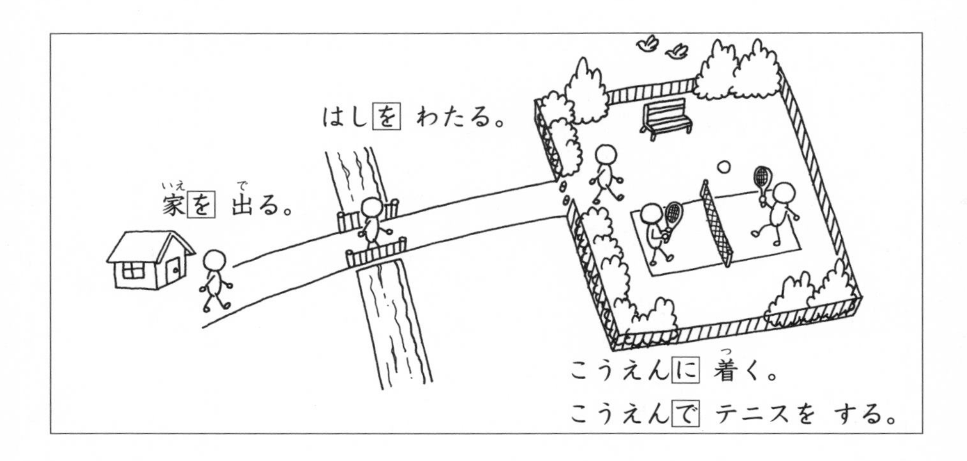

100. で

意味 at, in <*indicates the place where an action takes place*>

例文
① こうえんで テニスを しませんか。
Won't you play tennis with me in the park?
② 佐藤（さとう）さんは 銀行（ぎんこう）で 働（はたら）いて います。
Mr. Sato is working at a bank.
③ あしたの 午後（ごご） 6時（じ）に 東京駅（とうきょうえき）の 前（まえ）で 会（あ）いましょう。
Let's meet tomorrow at six in front of Tokyo station.

101. に

A 意味 in, at, on

<indicates the location where someone or something exists>

例文 ① こうえんに ベンチが あります。
There's a bench in the park.

② エレベーターの 前に いる 人が 田中さんです。
The person in front of the elevator is Mr. Tanaka.

③ この 作文には 漢字の まちがいが たくさん ありますよ。
There are many kanji mistakes in this composition.

B 意味 to, on, toward

<indicates the place where an action is directed or reaches>

例文 ① はしを わたると、こうえんに 着きます。
When you cross the bridge, you'll arrive at the park.

② くさの 上に すわって 空を 見るのは 気持ちが いいです。
It's pleasant to sit on the grass and look at the sky.

③ ごみは ごみばこに すてなければ なりません。
You must put the garbage in the trash can.

102. を

意味 along, over, across

<indicates the place where a person or a thing passes>

例文

① 家(いえ)を 出(で)て まっすぐ 行(い)くと、はしが あります。

When you go straight after leaving the house, you'll come to a bridge.

② その はしを わたって 5分(ふん)ぐらい 歩(ある)いて 行(い)くと、こうえんに 着(つ)きます。

When you cross that bridge and have walked for about five minutes, you'll arrive at the park.

③ 天気(てんき)が いい ときに、この こうえんを さんぽするのが 好(す)きです。

When the weather is good, I like to walk in this park.

④ ほら、鳥(とり)が たくさん 空(そら)を とんで いますよ。

Look! Lots of birds are flying in the sky.

【練習問題】

1）A：ヤンさんは 今(いま) どこ＿＿＿ いますか。
　　B：教室(きょうしつ)ですよ。
　　1．が　　2．で　　3．に　　4．は

2）へや＿＿＿ 出(で)る ときは、かならず かぎを かけて ください。
　　1．を　　2．が　　3．に　　4．で

3）A：この 映画(えいが)を 見(み)たいんですが。
　　B：東京駅(とうきょうえき)の 近(ちか)くに ある 映画館(えいがかん)＿＿＿ 見(み)られますよ。
　　1．に　　2．へ　　3．を　　4．で

4）A：この ひこうきは 何時(なんじ)に 東京(とうきょう)＿＿＿ 着(つ)きますか。
　　B：午後(ごご) 5時(じ)の よていです。
　　1．に　　2．で　　3．を　　4．が

5）その 道（みち）＿＿＿ まっすぐ 行（い）くと、左（ひだり）に ガソリンスタンドが あります。

1．で　　2．に　　3．が　　4．を

6）毎朝（まいあさ） こうえん＿＿＿ さんぽするのは 気持（きも）ちが いいし、体（からだ）にも いいですよ。

1．で　　2．を　　3．は　　4．に

7）A：山田（やまだ）さんの 家（いえ）の にわ＿＿＿ 大（おお）きい さくらの 木（き）が ありますね。

B：ええ。春（はる）に なって 花（はな）が さいたら、あの 木（き）の 下（した）＿＿＿ お花見（はなみ）を しましょう。

1．で／で　　2．で／に　　3．に／に　　4．に／で

8）A：ヤンさんは どの 人（ひと）ですか。

B：田中（たなか）さんの となり＿＿＿ いる めがねを かけた 人（ひと）ですよ。

1．で　　2．が　　3．に　　4．へ

9）道（みち）＿＿＿ わたる ときは、気（き）を つけて わたりましょう。

1．で　　2．に　　3．が　　4．を

10）佐藤（さとう）さんは 10年（ねん） 東京（とうきょう）＿＿＿ 住（す）んで います。

1．に　　2．で　　3．へ　　4．を

100 〜 102

1）3　2）1　3）4　4）1　5）4　6）2　7）4
8）3　9）4　10）1

103. まで・までに

1 まで

意味 till, as far as, up to, until

<indicates a spatial, temporal or quantitative limit>

接続 N (time/place) / numeral } まで

例文
① うちから 学校まで 1時間30分 かかります。
It takes an hour and a half from my house to school.
② この エレベーターは 10人まで 乗れるようです。
This elevator seems to be able to carry ten people.

2 までに

意味 by, by the time *<indicates a time limit>*

接続 N (time) までに

例文
① レポートは あしたまでに 出して ください。
Please hand in the report by tomorrow.
② 出発の 2時間前までに くうこうに 行かなければ なりません。
You have to go to the airport two hours before departure.

【練習問題】

1）毎日 9時から 5時＿＿＿ 働きます。

1．までに　　2．までで　　3．まで　　4．に

2）うちに 8時＿＿＿ 帰らなければ なりません。

1．まで　　2．までに　　3．までも　　4．で

3）この レストランは まいばん 10時＿＿＿ 開いて いますよ。

1．までも　　2．までに　　3．まで　　4．で

4）あした＿＿＿ この 本が 読めますか。

1．までに　　2．までも　　3．までは　　4．に

5）かいぎに 出るか どうか、いつ＿＿＿ きめれば いいですか。

1．までで　　2．までを　　3．までか　　4．までに

6）ここから 駅＿＿＿ 歩いて どのぐらい かかりますか。

1．までに　　2．まで　　3．までを　　4．までが

103　1）3　2）2　3）3　4）1　5）4　6）2

104. numeralも・numeral／nounしか・numeralで

1 numeralも

意味 as many/much/long as *<indicates emphasis>*

接続 numeral も

例文 ① 妹(いもうと)は ケーキを 6つも 食(た)べました。

My younger sister ate as many as six cakes.

② あしたの パーティーには おきゃくさんが 100人(にん)も 来(く)るそうです。

I heard that as many as 100 guests will come to tomorrow's party.

2 numeral／nounしか

意味 only, no more than, no ～ but *<used with negative forms>*

接続 numeral / N } しか ～ない

例文 ① 私(わたし)は ゆうべ 3時間(じかん)しか ねられませんでした。

I could only sleep for three hours last night.

② 佐藤(さとう)さんは 肉(にく)しか 食(た)べないそうです。

I heard that Mr. Sato only eats meat.

3 numeralで

意味 for, in

接続 numeralで

例文 ① ここから 駅(えき)まで 5分(ふん)で 行(い)けます。
You can get to the station in five minutes from here.

② ヤンさんは この つくえを 1,000円(えん)で 買(か)ったんですよ。
Mr. Yang bought this desk for 1,000 yen.

【練習問題】

1）山田(やまだ)さんは この 映画(えいが)を もう 8回(かい)＿＿＿ 見(み)たと 言(い)って いました。

1．を　　2．も　　3．に　　4．しか

2）A：ああ、おいしかった。この 料理(りょうり)の 作(つく)りかたは むずかしいですか。

B：いいえ、これは 5分(ふん)＿＿＿ できるんですよ。

A：ぜひ、教(おし)えて ください。

1．も　　2．に　　3．で　　4．まで

3）ゆうべ 友(とも)だちと 電話(でんわ)で 3時間(じかん)＿＿＿ 話(はな)して 母(はは)に しかられて しまいました。

1．も　　2．で　　3．に　　4．を

4）その 本屋(ほんや)は まんが＿＿＿ おいて いないそうです。

1．で　　2．しか　　3．と　　4．に

5）ヤンさんは 日本語(にほんご)の じしょを 5さつ＿＿＿ 持(も)って います。

1．を　　2．で　　3．に　　4．も

6）朝 しらべたら、クラス 35人の 中で 10人しか 朝ご飯を ＿＿＿。

1．食べました　　　　2．食べて います

3．食べて いませんでした　　　　4．食べましょう

7）佐藤さんは この レポートを 1日＿＿＿ 書いたそうです。

1．で　　2．も　　3．を　　4．しか

104

1）2　2）3　3）1　4）2　5）4　6）3　7）1

105. interrogativeでも

意味 any ～

接続 interrogativeでも

例文

① ここは だれでも 入(はい)る ことが できます。
Anyone can come in here.

② 田中(たなか)さんは スポーツなら 何(なん)でも できるそうです。
I heard that Mr. Tanaka can play any sports.

③ どうぞ、いつでも あそびに 来(き)て ください。
Please come whenever you feel like it.

④ 日本(にほん)に ５年(ねん) 住(す)んで いますから、もう どこでも １人(ひとり)で 行(い)けます。
As I've lived in Japan for five years, I can go anywhere by myself.

⑤ どれでも 好(す)きな 物(もの)を 食(た)べて ください。
Please eat anything you like.

⑥ どちらでも いい ほうを どうぞ。
Please take whichever you want.

⑦ この ナイフは どんな 物(もの)でも 切(き)れますよ。
This knife can cut anything.

106. interrogativeか

意味 some ～, any ～

接続 interrogativeか

例文 ① 山田(やまだ)さんの 電話(でんわ)ばんごうを 知(し)って いる 人(ひと)は だれか いますか。

Is there anyone here who knows Ms. Yamada's phone number?

② 来週(らいしゅう) アメリカへ 行(い)きますから、何(なに)か ほしい 物(もの)が あれば 買(か)って きますよ。

As I am going to America next week, I'll buy anything you want there.

③ ぜひ、いつか 私(わたし)の 国(くに)へ 来(き)て ください。

Please be sure to visit my country someday.

④ A：日曜日(にちようび)に どこか 行(い)きましたか。

B：いいえ、天気(てんき)が 悪(わる)かったので、うちに いました。

A：Did you go anywhere on Sunday?

B：No, the weather was bad so I stayed at home.

⑤ この 中(なか)から 好(す)きな 物(もの)を どれか 1つ えらんで ください。

Please choose whichever you like from these.

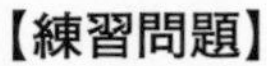

【練習問題】

1）A：暑いですね。何＿＿＿ つめたい　物でも　飲みませんか。

B：いいですね。

1．も　　2．を　　3．か　　4．で

2）日本では ＿＿＿ さくらの　木を　見る　ことが　できます。

1．どこか　　2．どこへ　　3．どこで　　4．どこでも

3）A：きのう、ここへ ＿＿＿ 来ましたか。

B：いいえ、だれも　来ませんでしたよ。

1．だれか　　2．だれと　　3．だれが　　4．だれは

4）A：何が　食べたいですか。

B：＿＿＿ いいです。きらいな　物は　ありませんから。

1．何も　　2．何か　　3．何は　　4．何でも

5）こまった　ことが　あったら、いつ＿＿＿ 電話を　かけて　ください。

1．も　　2．が　　3．でも　　4．に

6）A：あした、天気が　よかったら、どこ＿＿＿ 行きませんか。

B：いいですね。行きましょう。

1．も　　2．か　　3．へ　　4．に

7）あの　図書館は　だれ＿＿＿ 入れるし、どの本＿＿＿ 借りられますよ。

1．か／か　　2．が／が　　3．を／を　　4．でも／でも

8）＿＿＿ アフリカへ　行って　みたいと　思って　います。

1．どこか　　2．なにか　　3．いつか　　4．だれか

105　106

1）3　2）4　3）1　4）4　5）3　6）2　7）4
8）3

107. でも

接続　Nでも

A　意味　even

例文 ① さいきん いそがしくて、土曜日(どようび)でも 休(やす)めない ことが 多(おお)く なりました。
Since I am busy recently, I can't even take off most Saturdays.
② 山田(やまだ)さんは どんなに むずかしい 仕事(しごと)でも やる 人(ひと)です。
Ms. Yamada will do it, however difficult the job may be.

B　意味　～ or something

例文 ① ちょっと つかれました。あそこで お茶(ちゃ)でも 飲(の)みませんか。
I'm a bit tired. Shall we have tea or something over there?
② A：小林(こばやし)さんの 家(いえ)に よばれたんですが、何(なに)を 持(も)って いったら いいでしょうか。
B：そうですね。あまい 物(もの)が 好(す)きだから、チョコレートでも 持(も)って いったら どうですか。
A：I've been invited to Ms. Kobayashi's house. What is best for me to take there?
B：Well, since she likes sweet things, how about taking something like chocolates?

【練習問題】

1）ちょっと、お会いしたいんですが、日曜日＿＿＿＿＿
　　よろしいでしょうか。

　　1．から　　2．まで　　3．でも　　4．からで

2）A：きれいな みずうみを 見に 行きたいと 思って いるんですが…。
　　B：それなら 東京から＿＿＿＿＿ 車で 1時間ぐらい 走れば いい
　　　所が ありますよ。

　　1．まで　　2．でも　　3．では　　4．で

3）A：おなかが すきました。そば＿＿＿＿＿ 食べに 行きませんか。
　　B：いいですね。行きましょう。

　　1．でも　　2．から　　3．が　　4．しか

107　1）3　　2）2　　3）1

108. とか

意味　〜, 〜 and so on *<used to give example(s)>*

接続　Nとか

例文　① 私は 日本料理とか、イタリア料理とかが 好きです。
I like things like Japanese food and Italian food.

② ダイエットして いるので、チョコレートとか、ケーキとか、あまい 物を 食べないように して います。
As I am dieting, I am trying not to eat sweet things like chocolate or cake and so on.

【練習問題】

1）A：アルバイト代は 何に 使いますか。
B：昼ご飯代＿＿＿、洋服代＿＿＿に 使います。
1．が／が　　2．を／を　　3．とか／とか　　4．も／も

2）朝ご飯は いつも パン＿＿＿、サラダとか、かんたんな 物を 食べて います。
1．とか　　2．や　　3．など　　4．を

3）A：土曜日は 何を して いるんですか。
B：そうですね。サッカーとか、テニス＿＿＿、スポーツを して いる ことが 多いですね。
1．や　　2．とか　　3．も　　4．など

108　1）3　　2）1　　3）2

109. と

意味 that 〜

接続 plain form ⎫
「　　　」 ⎭ と 〜

例文 ① 私は また 来年 アメリカへ 行きたいと 思って います。
I think I want to go to America again next year.
② 朝 だれかに 会った ときに 「おはよう ございます」と 言います。
We say "Good morning" when we meet someone in the morning.

110. ようにいう

意味 tell someone to do 〜

接続 V dictionary form ⎫
V ない-form ⎭ ように 言う

例文 ① 先生は 私に 教室の 前で 待って いるように 言いました。
My teacher told me to wait in front of the classroom.
② ここには 入らないように 言われました。
I was told not to come in here.

111. という

意味　～ called ～

接続　Nと いう N

例文　①「坊ちゃん」と いう 小説を 読んだ ことが ありますか。
Have you ever read the novel called "Bocchan"?
②うけつけに 山田さんと いう 人が 来て いますよ。
A person called Ms. Yamada has come to the front desk.

【練習問題】

1）あの 山の 上から 見る 町の けしきは すばらしい＿＿＿ 思います。
　1．を　2．で　3．が　4．と

2）レストランで 田中さん＿＿＿ 人と 会う ことに なって いるんです。
　1．と いう　2．を いう　3．に いう　4．が いう

3）すみません。あそこに 何＿＿＿ 書いて あるんですか。
　1．に　2．と　3．も　4．の

4）A：ヤンさんに 教室まで 来る＿＿＿に 言って ください。
　B：はい、わかりました。
　1．よう　2．そう　3．から　4．はず

5）きのう びじゅつかんで 「海」＿＿＿ いう 名前の えを 見ました。
　1．へ　2．の　3．と　4．が

6）はいしゃで あまい 物を ＿＿＿ように 言われました。
　1．食べすぎる　2．食べすぎない　3．食べすぎて　4．食べすぎた

7）ヤンさんは 「日本の まんがは ほんとうに おもしろい」＿＿＿ いつも 言って います。
　1．と　2．が　3．へ　4．を

112. sound/voice/smell/tasteがする

意味 hear, smell, taste <*used to describe a phenomenon that is perceivable by the senses*>

例文 ① となりの へやで へんな 音(おと)が します。
There's a strange sound in the next room.

②「うわあ、いい においが する。」
Wow, I can smell something good.

【練習問題】

1）この アイスクリームは 色(いろ)は 白(しろ)いけれど、チョコレートの 味(あじ)＿＿＿ します。

1．を　　2．が　　3．に　　4．は

2）はこの 中(なか)から へんな 音(おと)＿＿＿ します。何(なに)が 入(はい)って いるんですか。

1．が　　2．を　　3．に　　4．で

3）この こうえんは 花(はな)が 多(おお)いから、いい におい＿＿＿ しますね。

1．を　　2．が　　3．は　　4．に

4）じしんで 止(と)まった エレベーターの 中(なか)から 人(ひと)の 声(こえ)＿＿＿ します。

1．の　　2．に　　3．が　　4．は

109 〜 111

1）4　2）1　3）2　4）1　5）3　6）2　7）1

112　1）2　2）1　3）2　4）3

Part VI 練習問題 100.～112.

Practice exercises

1）この 急行(きゅうこう)に 乗(の)れば、6時(じ)には 大阪(おおさか)＿＿＿ 着(つ)きますよ。

　1．に　　2．で　　3．まで　　4．は

2）レポートは 金曜日(きんようび)＿＿＿です。おくれないように して ください。

　1．までに　　2．までも　　3．まで　　4．までで

3）その 道(みち)＿＿＿ まっすぐ 行(い)くと、左(ひだり)がわに 銀行(ぎんこう)が あります。

　1．を　　2．に　　3．で　　4．へ

4）来週(らいしゅう)の パーティーには 100人(にん)＿＿＿ 来(く)るそうです。

　1．を　　2．に　　3．も　　4．へ

5）昼(ひる)ご飯(はん)は 駅(えき)の 前(まえ)の レストラン＿＿＿ 食(た)べましょう。

　1．に　　2．で　　3．を　　4．へ

6）「この じしょを 妹(いもうと)さんに どうぞ」＿＿＿ 言(い)われました。

　1．で　　2．と　　3．ように　　4．とか

7）あしたの クラスは 2人(ふたり)＿＿＿ 来(こ)ないようです。

　1．に　　2．と　　3．で　　4．しか

8）教室(きょうしつ)＿＿＿ テレビが 2だい おいて あります。

　1．に　　2．で　　3．の　　4．が

9）A：つかれましたね。ちょっと 休(やす)みませんか。

　B：そうですね。コーヒー＿＿＿ 買(か)って きます。

　1．など　　2．から　　3．とか　　4．でも

10）図書館(としょかん)で 借(か)りた 本(ほん)は 来週(らいしゅう)の 金曜日(きんようび)＿＿＿ かえして ください。

　1．まで　　2．でも　　3．までに　　4．までも

11）A：お元気で。国へ 帰っても わすれないで くださいね。
　B：はい、お世話に なりました。どうぞ、＿＿＿ あそびに 来て ください。
　1．なんでも　　2．いつでも　　3．どれでも　　4．どこでも

12）A：大学入学の おいわいを あげたいんですが、何が いいでしょうか。
　B：そうですね。時計＿＿＿、かばん＿＿＿、毎日 使う 物は どうですか。
　1．とか／とか　　2．も／も　　3．と／と　　4．を／を

13）あした 雨だったら、富士山に のぼるのは やめる＿＿＿に 言われました。
　1．こと　　2．はず　　3．よう　　4．そう

14）A：先週の 日曜日に どこ＿＿＿ 行きましたか。
　B：はい。サッカーを 見に 行きました。
　1．で　　2．か　　3．へ　　4．は

15）この 図書館は だれ＿＿＿ 本や CDが 借りられます。
　1．か　　2．が　　3．に　　4．でも

16）となりの へやから 何か へんな 音＿＿＿ しますよ。
　1．が　　2．は　　3．で　　4．に

17）きのうの パーティーで ヤンさん＿＿＿ いう りゅうがくせいに 会いました。
　1．が　　2．と　　3．を　　4．の

18）ヤンさんは 先生より せが 高い＿＿＿ 思います。
　1．で　　2．は　　3．と　　4．が

19）あの レストランでは 500円＿＿＿ おいしい 昼ご飯が 食べられるそうです。
　1．で　　2．は　　3．が　　4．を

20）だれ＿＿＿ アフリカへ 行った ことが ある 人は いませんか。
　1．は　　2．に　　3．か　　4．が

21) 田中(たなか)さんが 作(つく)った 料理(りょうり)は とても いい におい＿＿＿ します。

1．で　　2．を　　3．は　　4．が

22) A：この 近(ちか)くに 教会(きょうかい)は ありませんか。

B：あの はし＿＿＿ わたって まっすぐ 行(い)くと、左(ひだり)がわです。

1．で　　2．を　　3．が　　4．に

23) 私(わたし)は 肉(にく)が 好(す)きじゃ ないので、魚(さかな)＿＿＿ 食(た)べません。

1．を　　2．しか　　3．が　　4．は

24) どれ＿＿＿ 好(す)きな 物(もの)を えらんで いいですよ。

1．でも　　2．が　　3．しか　　4．も

25) 来週(らいしゅう)までに レポートを 2つ 書(か)く＿＿＿に 言(い)われました。

1．そう　　2．の　　3．よう　　4．を

練習問題 100.～112.

1) 1 [101]	2) 3 [103]	3) 1 [102]	4) 3 [104]	5) 2 [100]
6) 2 [109]	7) 4 [104]	8) 1 [101]	9) 4 [107]	10) 3 [103]
11) 2 [105]	12) 1 [108]	13) 3 [110]	14) 2 [106]	15) 4 [105]
16) 1 [112]	17) 2 [111]	18) 3 [109]	19) 1 [104]	20) 3 [106]
21) 4 [112]	22) 2 [102]	23) 2 [104]	24) 1 [105]	25) 3 [110]

Part VII その他(た) Others

113. こ・そ・あ・ど

これ	それ	あれ	どれ
この N	その N	あの N	どの N
こんな N	そんな N	あんな N	どんな N
こう V	そう V	ああ V	どう V

これは 本(ほん)です。
This is a book.
その 本(ほん)は いくらですか。
How much is that book?
あんな 家(いえ)に 住(す)みたいです。
I want to live in a house like that.
この 字(じ)は こう 書(か)きます。
You write this character like this.

意味 *<demonstratives>*

例文 ① A：それは いくらですか。

B：どれ ですか。

A：その 青い シャツです。

B：ああ、これは 2,500円です。

A：How much is that?

B：Which one?

A：That blue shirt.

B：Oh, this is 2,500 yen.

② この 町が 好きで、もう 20年も 住んで います。

I like this town. I've already lived here as long as 20 years.

③ この 漢字は こう 書いて ください。 Write this kanji like this.

④ A：きのう フランス料理の レストランに 行きました。

とても おいしかったです。

B：それは どこに あるんですか。教えて ください。

A：I went to a French restaurant yesterday. It was very delicious.

B：Where is it? Please tell me.

⑤ A：山田さんは すてきな 人ですね。

B：ええ、私も あんな 人に なりたいです。

A：Ms. Yamada is really a wonderful person, isn't she?

B：Yes, I want to become like her.

⑥ あの 人に どう 説明すれば いいですか。

How should I explain this to him/her?

☑"あ" vs. "そ"

"あ～" is used to indicate what is known by both the speaker (A) and the listener (B); in other cases "そ～" is used.

"そ～" is also used when referring to something previously mentioned.

例) A：田中(たなか)さんを 知(し)って いますか。
B：いいえ。その 人(ひと)は どんな 人(ひと)ですか。
A：Do you know Mr. Tanaka?
B：No, what type of person is he?

例) A：田中(たなか)さんを 知(し)って いますか。
B：ええ。きのう 会(あ)いました。あの 人(ひと)は ほんとうに おもしろい 人(ひと)ですね。
A：Do you know Mr. Tanaka?
B：Yes, I met him yesterday. He is a very interesting person, isn't he?

【練習問題】

1) むこうに 高(たか)い ビルが 見(み)えますね。＿＿＿ 中(なか)に ゆうびんきょくが ありますよ。
1. この 2. あの 3. これ 4. あれ

2) A：なかなか かぎが しまりません。
B：＿＿＿ すれば、すぐ しまりますよ。
1. そう 2. ああ 3. こう 4. これ

3) A：きのう 佐藤(さとう)さんと 会(あ)いましたよ。いっしょに おさけを 飲(の)みました。
B：そうですか。＿＿＿ 人(ひと)は ほんとうに おさけが 好(す)きですよね。
1. あの 2. この 3. その 4. どの

4) 去年(きょねん) 国(くに)へ 帰(かえ)ったんですが、＿＿＿ とき、日本(にほん)から 来(き)た 人(ひと)に 会(あ)いました。
1. そこ 2. それ 3. そう 4. その

5) ＿＿＿ ことを 言(い)わないで ください。
1. どんな 2. それ 3. そんな 4. こう

6) ＿＿＿ 人(ひと)が ヤンさんですか。
1. どの 2. どう 3. どんな 4. どれ

113 1) 2 2) 3 3) 1 4) 4 5) 3 6) 1

114. ～さ

意味 *<used to nominalize adjectives>*

接続 い-adj（～~~い~~）
な-adj（～~~な~~）} さ

＊いい→よさ

例文 ① その へやの 広(ひろ)さは どのくらいですか。
How big is that room?

② A：かみを 切(き)って ください。
B：どのくらいの 長(なが)さに しますか。
A：Please cut my hair.
B：What length would you like it?

③ あの 人(ひと)には この 問題(もんだい)の 大切(たいせつ)さが わかって いないようです。
He/She doesn't seem to understand the importance of this problem.

【練習問題】

1）２つの ステレオの 音(おと)の ＿＿＿を くらべて みた。
　1．いい　　2．よくて　　3．よさ　　4．いさ

2）しんかんせんの １時間(じかん)の ＿＿＿を 知(し)って いますか。
　1．はやいさ　　2．はやみ　　3．はやい　　4．はやさ

3）あの 人(ひと)の ＿＿＿に おどろかされた。
　1．ねっしんさ　　2．ねっしんだ　　3．ねっしんの　　4．ねっしんな

4）ゆうびんきょくで にもつの ＿＿＿を しらべて もらった。
　1．重(おも)い　　2．重(おも)くて　　3．重(おも)さ　　4．重(おも)み

114　1）3　　2）4　　3）1　　4）3

115. ～らしい

意味 typical of ～, just like ～

接続 Nらしい

例文 ① きょうは 春らしい 天気です。
It's real spring weather today.

② あの 人の やりかたは あまり 男らしくないと 思います。
I don't think his way of doing things is very manly.

③ A：この へんは 学生が 多いですね。
B：ええ、ほんとうに 大学の 町らしいですね。
A：There are a lot of students around here, aren't there?
B：Yes. It's a typical university town, isn't it?

【練習問題】

1） 自分の 子どもには ＿＿＿らしい 服を 着せたい。
　1．子どもだ　　2．子どもに　　3．子どもで　　4．子ども

2） 着物を 着た 女の 人は ほんとうに 女＿＿＿。
　1．らしい　　2．みたい　　3．ようだ　　4．そうだ

3） そんな ことを 言うなんて、あなた＿＿＿ですね。
　1．らしくてない　　2．らしいない
　3．らしいじゃない　　4．らしくない

115　1）4　2）1　3）4

116. ～の／こと

意味 *<used to nominalize the previous clause>*

接続 V plain formの／こと

の	［見る／見える／聞こえる］（知覚動詞など verbs of perception） 鳥が とんで いるのが 見える。 I can see a bird flying. だれかが 歌って いるのが 聞こえる。 I can hear someone singing. ×だれかが 歌って いる ことが 聞こえる。
の／こと	［好き／きらい／聞く／知る／わすれる］ 電話するの／ことを わすれた。 I forgot to call. かれが 国へ 帰ったの／ことを 聞いた。 I heard he went back to his country.

例文

① 子どもが あそんで いるのが 見えます。
I can see children playing.

② 車が すごい はやさで 走って いくのを 見ました。
I saw a car going very fast.

③ 朝 早く こうえんを さんぽする{の／こと}が 好きです。
I like walking in the park early in the morning.

④ 小林さんに 電話する{の／こと}を わすれて しまいました。
I forgot to call Ms. Kobayashi.

⑤ 山田さんが けっこんした{の／こと}を 知って いますか。
Did you know that Ms. Yamada had got married?

117. ～ということ

意味 the fact that ～ *<used to change a sentence into a noun clause>*

接続 V plain form と いう こと

例文

① 電話しても だれも 出ないと いう ことは 図書館は きょうは 休みかも しれません。
Nobody is answering the phone, so the library is probably closed today.

② せきに まだ かばんが あると いう ことは 山田さんは まだ 帰って いないのでしょう。
Her bag is still at her desk, so Ms. Yamada probably hasn't gone home yet.

③ 友だちが 夜に なっても 山から もどらないと いう ことを 聞いて、とても しんぱいして います。
I'm very worried to hear my friends haven't returned from the mountain, even though it's evening.

④ じしんで ビルが たくさん たおれたと いう ことを 聞きました。
I heard that many buildings collapsed due to the earthquake.

【練習問題】

1）となりの へやで だれかが 話して いる＿＿＿ 聞こえる。

1．のを　2．が　3．のが　4．を

2）何も れんらくが ない＿＿＿は たぶん あの 人は きょうは 来ないのだろう。

1．ということ　2．というもの　3．こと　4．もの

3）子どもが たばこを すって いる＿＿＿を 見た。

1．こと　2．の　3．もの　4．そう

4）きょう テストが ある ＿＿＿を 知りませんでした。

1．ため　2．はず　3．もの　4．こと

116 117　1）3　2）1　3）2　4）4

118. ～ちゃ／じゃ

意味 *<colloquial form of* "～ては／では">

～ては いけません → ～ちゃ いけません
～では いけません → ～じゃ いけません

例文 ① A：これ、食(た)べても いい？
B：ううん。それは おきゃくさまに 出(だ)す おかしだから、食(た)べちゃ だめよ。
A：Can I eat this?
B：No. That is something put out for guests, so you can't eat it.

② A：まだ 中学生(ちゅうがくせい)なんだから、おさけを 飲(の)んじゃ いけませんよ。
B：はい、わかりました。
A：You are still a junior high school student, so you can't drink alcohol yet.
B：Yes, I see.

【練習問題】

1）A：この 話(はなし)、あの 人(ひと)に ＿＿＿ だめよ。
B：うん。わかった。
1．しちゃ　2．するは　3．して　4．しっちゃ

2）A：お母(かあ)さん、あそこに 何(なん)と 書(か)いて あるの。
B：あぶないから、ここで ＿＿＿ だめだと 書(か)いて あるのよ。
1．あそびちゃ　2．あそんちゃ　3．あそびじゃ　4．あそんじゃ

118　1）1　2）4

Part VII 練習問題 113.～118.

Practice exercises

1）今年(ことし)の 冬(ふゆ)は あたたかくて、冬(ふゆ)＿＿＿ 冬(ふゆ)じゃ なかった。

1．らしい　2．みたい　3．ような　4．だろう

2）A：去年(きょねん) いっしょに 買(か)い物(もの)を した 店(みせ)に 行(い)きました。

B：そうですか。＿＿＿ 店(みせ)は ほんとうに 安(やす)いですね。

1．この　2．その　3．あの　4．どの

3）ヤンさんが 国(くに)へ 帰(かえ)った ＿＿＿を 知(し)りませんでした。

1．ため　2．もの　3．はず　4．こと

4）この プールの ＿＿＿は どのくらいですか。

1．ふかい　2．ふかさ　3．ふかみ　4．ふかく

5）A：あそこに 白(しろ)い 建物(たてもの)が ありますね。＿＿＿ 建物(たてもの)は 何(なん)ですか。

B：先月(せんげつ) できたばかりの ホテルです。

1．あの　2．あれ　3．ああ　4．あそこ

6）A：先生(せんせい)、もう 帰(かえ)っても いいですか。

B：いえ、まだ ＿＿＿ だめですよ。

1．帰(かえ)って　2．帰(かえ)った　3．帰(かえ)っちゃ　4．帰(かえ)るは

7）だれかが 話(はな)して いる＿＿＿ 聞(き)こえます。

1．が　2．を　3．のを　4．のが

8）ドアの かぎが かかって いる＿＿＿は もう みんな 帰(かえ)ったのでしょう。

1．と いう こと　2．に するの　3．と いう もの　4．に なるの

9）この 料理(りょうり)は ＿＿＿ やって 作(つく)ります。

1．この　2．こう　3．これ　4．こんな

10) A：さいきん　おもしろい　話(はなし)を　聞(き)きました。

B：______は　どんな　話(はなし)ですか。

1．それ　　2．あれ　　3．これ　　4．どれ

11) ______　ことを　したら、きかいが　こわれて　しまいますよ。

1．そちら　　2．それ　　3．そう　　4．そんな

12) A：きみたち、この　川(かわ)で　______　だめだよ。

B：あ、すみません。

1．およいじゃ　　2．およいで　　3．およぐ　　4．およいだ

13) あした　田中(たなか)さんと　いう　人(ひと)が　来(き)ます。______　人(ひと)が　来(き)たら　この　手紙(てがみ)を　わたして　ください。

1．あの　　2．その　　3．あれ　　4．それ

14) 私(わたし)の　へやから　しんかんせんが　______が　見(み)えます。

1．走(はし)る　　2．走(はし)って　いく　こと　　3．走(はし)って　いくの　　4．走(はし)る　こと

15) 大川(おおかわ)さんが　大阪(おおさか)へ　ひっこした　______を　聞(き)きましたか。

1．こと　　2．もの　　3．はず　　4．ため

16) A：じゃ、また　来週(らいしゅう)。______　とき、旅行(りょこう)の　写真(しゃしん)を　見(み)せて　ください。

B：ええ。わかりました。

1．あの　　2．その　　3．この　　4．どの

17) 友(とも)だちと　7時(じ)に　やくそくした　______を　すっかり　わすれて　いた。

1．は　　2．が　　3．に　　4．の

18) きのう　佐藤(さとう)さんが　1人(ひとり)で　食事(しょくじ)を　して　いる______　見(み)ました。

1．のは　　2．ので　　3．のを　　4．のが

19) つくえの　中(なか)に　かぎが　ありますから、______　かぎで　ドアを　開(あ)けて　ください。

1．あの　　2．その　　3．この　　4．どの

20）手紙（てがみ）が もどって きた＿＿＿は、あの 人（ひと）は この 住所（じゅうしょ）に 住（す）んでいないのだろう。

1．と いう はず　　2．と なる こと

3．と いう もの　　4．と いう こと

21）銀行（ぎんこう）へ 行（い）きたいんですが、ここから ＿＿＿ 行（い）けば いいですか。

1．そう　　2．どんな　　3．どう　　4．そんな

練習問題 113.～118.

1）1 115	2）3 113	3）4 116	4）2 114	5）1 113
6）3 118	7）4 116	8）1 117	9）2 113	10）1 113
11）4 113	12）1 118	13）2 113	14）3 116	15）1 116
16）2 113	17）4 116	18）3 116	19）2 113	20）4 117
21）3 113				

総合練習問題（1）

Comprehensive exercises

／100

【問題Ⅰ】 4×9

1）同じ 漢字を 10回＿＿＿ 書いたので、もう おぼえて しまいました。

1．が　2．で　3．も　4．に

2）山田さんが 駅まで 私＿＿＿ むかえに 来て くれる ことに なって いるんです。

1．に　2．が　3．で　4．を

3）うちは こうがいに あるので、鳥の 声＿＿＿ よく 聞こえる。

1．が　2．を　3．に　4．で

4）社長は 山田さん＿＿＿ アメリカで 行われた かいぎに しゅっせきさせた。

1．から　2．を　3．が　4．で

5）夏に なると、この 道＿＿＿ さんぽしたり、ジョギングしたり する 人が 多くなります。

1．を　2．で　3．に　4．から

6）田中さんは テニスも できる＿＿＿、サッカーも 上手です。

1．も　2．し　3．と　4．で

7）ヤンさんが くうこうに 何時に 着く＿＿＿、知って いますか。

1．か　2．と　3．が　4．を

8）へやに かざって おいた ガラスの にんぎょうを 弟＿＿＿ こわされた。

1．を　2．が　3．に　4．で

9）この 日本語の テキストは 先生＿＿＿ くださいました。

1．に　2．を　3．が　4．は

【問題Ⅱ】 4×9

10) 私の 国は 1年中 暑いので、今まで ゆきを ＿＿＿ ことが ありません。

1．見て　2．見るの　3．見える　4．見た

11) この 町は あんぜんで、＿＿＿やすいです。

1．住む　2．住み　3．住ま　4．住んで

12) かれは 小林さんの 本を 1年も ＿＿＿まま まだ かえして いないそうです。

1．借りて　2．借りない　3．借りた　4．借りる

13) 火事だ！ 早く ＿＿＿。

1．にげろ　2．にげろう　3．にげれ　4．にげるな

14) いそがしいのに 社員 3人に ＿＿＿、きのうは たいへんでした。

1．休みで　2．休んで　3．休まれて　4．休まされて

15) 新しい パソコンを ＿＿＿、この パソコンが いいと 思いますよ。

1．買えば　2．買うと　3．買ったら　4．買うなら

16) かれは 会社を よく休む。もしかしたら ＿＿＿かも しれない。

1．病気だ　2．病気　3．病気の　4．病気な

17) せんそうが 終わって、やっと その 国へ ＿＿＿ように なりました。

1．行ける　2．行って　3．行った　4．行けた

18) 私は 自分の 子どもに いろいろな 国の ことばを ＿＿＿たいと 思います。

1．おぼえ　2．おぼえられ　3．おぼえさせ　4．おぼえされ

【問題Ⅲ】 4×5

19) 妹は かんごしに なる ＿＿＿に、学校に 通って 勉強を して いる。

1．から　2．ため　3．こと　4．よう

20) 教室を 出る とき、電気を けす＿＿＿ わすれて しまった。

1．に　2．を　3．のに　4．のを

21) 雨は もうすぐ やむ＿＿＿＿。

1. つもりだ　　2. だろう　　3. ことに なる　　4. ように なる

22) アルコールが 入って ＿＿＿＿から、子どもには 飲ませないで ください。

1. います　　2. あります　　3. おきます　　4. みます

23) お食事は もう おすみに ＿＿＿＿か。

1. いました　　2. ありました　　3. しました　　4. なりました

【問題Ⅳ】　　4×2

24) A：大川さんと いう 人を 知って いますか。

B：いいえ、＿＿＿＿ 人は どんな 人ですか。

1. この　　2. その　　3. あの　　4. どの

25) A：すみません。ここに にもつを おいても いいですか。

B：＿＿＿＿よ。どうぞ。

1. ええ、おいては いけません　　2. いいえ、おいては いけません

3. ええ、おいても かまいません　　4. いいえ、おいても かまいません

問題Ⅰ

1) 3 [104]　2) 4 [51]　3) 1 [46]　4) 2 [42]　5) 1 [102]

6) 2 [84]　7) 1 [30]　8) 3 [41]　9) 3 [48]

問題Ⅱ

10) 4 [18]　11) 2 [02]　12) 3 [19]　13) 1 [54]　14) 3 [41]

15) 4 [89]　16) 2 [76]　17) 1 [63]　18) 3 [42]

問題Ⅲ

19) 2 [85]　20) 4 [116]　21) 2 [74]　22) 1 [10]　23) 4 [93]

問題Ⅳ

24) 2 [113]　25) 3 [13]

総合練習問題（2）

Comprehensive exercises

／100

【問題Ⅰ】 4×9

1） 日本(にほん)の まんがは 世界中(せかいじゅう)の 人(ひと)＿＿＿ 読(よ)まれて います。

1．が　　2．に　　3．を　　4．で

2） 図書館(としょかん)に 本(ほん)を かえし＿＿＿ 行(い)くのを わすれて しまった。

1．で　　2．を　　3．へ　　4．に

3） 日本(にほん)の おさけを 飲(の)んだ こと＿＿＿ ありますか。

1．が　　2．で　　3．に　　4．を

4） 子(こ)どもの とき、毎日(まいにち) ピアノ＿＿＿ 2時間(じかん)も ひかされました。

1．に　　2．が　　3．と　　4．を

5） この しゅくだいは いつ＿＿＿ すれば いいですか。

1．まで　　2．までで　　3．までに　　4．までも

6） この アフリカ料理(りょうり)は とても いい におい＿＿＿ しますね。

1．を　　2．に　　3．で　　4．が

7） ヤンさん＿＿＿ いう 人(ひと)が じむしょに 来(き)て いますよ。

1．が　　2．と　　3．は　　4．も

8） 来週(らいしゅう)から ぼうえき会社(がいしゃ)で 働(はたら)く こと＿＿＿ なりました。

1．で　　2．を　　3．に　　4．が

9） あしたの パーティーに 田中(たなか)さん＿＿＿ いただいた アクセサリーを して いく つもりです。

1．に　　2．を　　3．で　　4．へ

【問題Ⅱ】　　4×9

10) あの 人(ひと)は 毎日(まいにち) たくさん おさけを ______つづけて とうとう 病気(びょうき)に なって しまった。

1．飲(の)んで　2．飲(の)み　3．飲(の)む　4．飲(の)んだ

11) たばこを ______すぎて、のどが いたく なりました。

1．すう　2．すった　3．すって　4．すい

12) 間(ま)に合(あ)って よかったですね。ちょうど 今(いま)から かいぎが ______ ところですよ。

1．始(はじ)まった　2．始(はじ)まって いる　3．始(はじ)まる　4．始(はじ)まって

13) 大切(たいせつ)な ことを あの 人(ひと)に ______と したが、とうとう 話(はな)せなかった。

1．話(はな)しす　2．話(はな)し　3．話(はな)しよう　4．話(はな)そう

14) 私(わたし)の 家(いえ)の となりには こうえんが ______ので、いつも 子(こ)どもの 声(こえ)で にぎやかです。

1．あった　2．ある　3．あって　4．あり

15) わあ、この 本(ほん)は 漢字(かんじ)が たくさん あって、______そうですね。

1．むずかしく　2．むずかしいだ　3．むずかしくて　4．むずかし

16) できなければ、この 仕事(しごと)は きょう 中(じゅう)に ______ いいです。

1．終(お)わらなくても　2．終(お)わらなくては

3．終(お)わらないなら　4．終(お)わらないでは

17) 雨(あめ)が ______し、にもつも たくさん あるので、タクシーで 行(い)きませんか。

1．ふらない　2．ふって　3．ふって いる　4．ふろう

18) 旅行(りょこう)の 写真(しゃしん)が ______、私(わたし)に 見(み)せて ください。

1．できれば　2．できたら　3．できたり　4．できると

【問題Ⅲ】　　4×5

19) あまい 物(もの)______ 食(た)べて いると、太(ふと)りますよ。

1．しか　2．ぐらい　3．だけで　4．ばかり

20) 1時間(じかん)も 待(ま)った______、大川(おおかわ)さんは 来(き)ませんでした。

1．のは　2．のに　3．のが　4．ので

21) いくら よんでも へんじが ない。佐藤(さとう)さんは るす＿＿＿。

1. そうだ　　2. ようだ　　3. はずだ　　4. らしい

22) 私(わたし) は レポートを 書(か)く ために、先生(せんせい)に 本(ほん)を お借(か)り＿＿＿。

1. しました　　2. なりました

3. されました　　4. ございました

23) さいきん、働(はたら)きながら 子(こ)どもを そだてる じょせいが ふえて ＿＿＿。

1. きた　　2. いった　　3. あった　　4. なった

【問題Ⅳ】　　4×2

24) A：おいしそうな おべんとうですね。自分(じぶん)で 作(つく)ったんですか。

B：いいえ、これは 母(はは)が 作(つく)って ＿＿＿ んです。

1. あげた　　2. もらった　　3. くれた　　4. やった

25) きゃく：すみません。ちょっと その かばんを 見(み)せて ください。

店員(てんいん)：こちらですね。どうぞ ＿＿＿。

1. 見(み)させて ください　　2. お見(み)せに なって ください

3. ごらん ください　　4. ごらんいただいて ください

問題Ⅰ

1) 2 [41]　2) 4 [36]　3) 1 [18]　4) 4 [43]　5) 3 [103]

6) 4 [112]　7) 2 [111]　8) 3 [64]　9) 1 [50]

問題Ⅱ

10) 2 [07]　11) 4 [33]　12) 3 [32]　13) 4 [69]　14) 2 [82]

15) 4 [34]　16) 1 [22]　17) 3 [84]　18) 2 [88]

問題Ⅲ

19) 4 [39]　20) 2 [91]　21) 4 [77]　22) 1 [96]　23) 1 [66]

問題Ⅳ

24) 3 [51]　25) 3 [99]

総合練習問題（3）

Comprehensive exercises

／100

【問題Ⅰ】 4×9

1）きのう 買った かさを スーパーで だれか＿＿＿ まちがえられて しまった。

1．を　　2．に　　3．で　　4．が

2）子どもの とき、きらいだったのに、毎朝 ぎゅうにゅう＿＿＿ 飲まされて いました。

1．を　　2．に　　3．が　　4．と

3）この 魚は はじめてです。どんな 味＿＿＿ するんですか。

1．を　　2．は　　3．が　　4．で

4）高い＿＿＿、デザインも よくないから、やっぱり 買うのを やめました。

1．が　　2．と　　3．で　　4．し

5）のどが かわきました。何＿＿＿ 飲みたいですね。

1．か　　2．を　　3．が　　4．も

6）あの ホテルの プールへ およぎ＿＿＿ 行きませんか。

1．に　　2．へ　　3．で　　4．を

7）私は おじさん＿＿＿ 友だちに もらった めずらしい 時計を 見せて もらいました。

1．は　　2．が　　3．で　　4．を

8）母は 私を 学校の 先生 ＿＿＿ したがって いました。

1．を　　2．が　　3．に　　4．と

9）この りんごは 3つ＿＿＿ 100円です。安いですよ。

1．が　　2．を　　3．に　　4．で

【問題Ⅱ】 　4×9

10）夜に　なって　ゆきが ______はじめた。

　1．ふる　　2．ふり　　3．ふって　　4．ふった

11）さっき　たくさん ______のに、もう　おなかが　すいて　しまいました。

　1．食べた　　2．食べて　　3．食べる　　4．食べない

12）まるで　むすこの______ 声で　知らない　人から　電話が　あった。

　1．ようで　　2．ように　　3．よう　　4．ような

13）テレビの　音が ______、聞こえません。

　1．ちいさくて　　2．ちいさいで　　3．ちいさいくて　　4．ちいさで

14）いっしょうけんめい　勉強______、日本語が　上手に　なるでしょう。

　1．しない　　2．しよう　　3．すれば　　4．した

15）人の　顔は　年を　とると、______ いきます。

　1．かわって　　2．かわる　　3．かわった　　4．かわると

16）会社に　入った　とき、毎朝　あいさつの　れんしゅうを
______、とても　いやだった。

　1．されて　　2．できて　　3．させられて　　4．なさって

17）スーツを　買いに　行ったが、高すぎて ______。

　1．買った　　2．買えなかった　　3．買えた　　4．買おうと　した

18）あぶない　物を　持って　ひこうきに ______は　いけません。

　1．乗って　　2．乗る　　3．乗り　　4．乗った

【問題Ⅲ】 　4×5

19）______ 勉強しても、試験の　てんが　よく　ならない。

　1．どんなに　　2．どうして　　3．どのぐらい　　4．いくつ

20）きょうは　寒く　なりそうだから、コートを　持って　いった ______が
いいですよ。

　1．かた　　2．ほう　　3．こと　　4．の

21）ドアに かぎが かけて あるから、へやの 中(なか)に 入(はい)れる ＿＿＿。

1．ことが できない　　2．ことが ない

3．はずが ない　　4．はずでは ない

22）漢字(かんじ)を たくさん 勉強(べんきょう)したので、日本語(にほんご)の 新聞(しんぶん)が ずいぶん 読(よ)める ＿＿＿。

1．ことに なりました　　2．ことに しました

3．ように なりました　　4．ように しました

23）小林先生(こばやしせんせい)は、先生(せんせい)に なる 前(まえ)に、銀行(ぎんこう)に つとめて ＿＿＿そうです。

1．されて いた　　2．なさって いた

3．いらっしゃった　　4．いたした

【問題Ⅳ】　　4×2

24）A：さいきん、いそがしそうですね。

B：ええ、毎日(まいにち)、＿＿＿。

1．働(はたら)いた ばかりです　　2．働(はたら)いて ばかりです

3．働(はたら)いた ところです　　4．働(はたら)いて いる ところです

25）A：この ワイン、少(すこ)し ＿＿＿。

B：ええ、どうぞ めしあがって ください。

1．飲(の)んで くださいませんか　　2．いただきませんか

3．飲(の)ませても いいですか　　4．いただいても いいですか

問題Ⅰ

1）2 [41]　2）1 [43]　3）3 [112]　4）4 [84]　5）1 [106]

6）1 [36]　7）2 [50]　8）3 [65]　9）4 [104]

問題Ⅱ

10）2 [05]　11）1 [91]　12）4 [40]　13）1 [83]　14）3 [86]

15）1 [66]　16）3 [43]　17）2 [44]　18）1 [57]

問題Ⅲ

19）1 [90]　20）2 [25]　21）3 [80]　22）3 [63]　23）3 [92]

問題Ⅳ

24）2 [39]　25）4 [95]

総合練習問題（4）

Comprehensive exercises

／100

【問題Ⅰ】 4×9

1）「あしたは ゆきが ふるらしい」＿＿＿ 友(とも)だちが 言(い)って いました。

1．が　　2．を　　3．と　　4．で

2）銀行(ぎんこう)は この 道(みち)＿＿＿ まっすぐ 100メートルぐらい 行(い)くと ありますす。

1．を　　2．で　　3．が　　4．に

3）小林先生(こばやしせんせい)に いただいた 本(ほん)を 妹(いもうと)＿＿＿ よごされて しまった。

1．に　　2．を　　3．の　　4．で

4）「どちら＿＿＿ 好(す)きな ほうを おとり ください。」

1．が　　2．も　　3．で　　4．か

5）となりの へやから 山田(やまだ)さんが 歌(うた)って いるの＿＿＿ 聞(き)こえます。

1．を　　2．が　　3．は　　4．で

6）ねつが あって 学校(がっこう)に 来(こ)られなかった 友(とも)だち＿＿＿ 学校(がっこう)からの お知(し)らせを 持(も)って いって あげました。

1．を　　2．で　　3．に　　4．から

7）小学校(しょうがっこう)の とき、毎日(まいにち) 漢字(かんじ)＿＿＿ 書(か)かされました。

1．が　　2．を　　3．に　　4．は

8）きょうは おふろに 入(はい)らない ほう＿＿＿ いいと 思(おも)います。

1．が　　2．で　　3．は　　4．に

9）よやくの 時間(じかん)を かえる ことが できるか どう＿＿＿ 聞(き)いて みます。

1．を　　2．と　　3．とか　　4．か

【問題Ⅱ】 4×9

10）私(わたし)は まいばん ＿＿＿ 前(まえ)に、はを みがきます。

1．ねた　　2．ねて　　3．ねる　　4．ねます

11) 私は 小さい とき、父に ______ので、父の ことを あまり 知らない。

1. 死なせた　2. 死なれさせた　3. 死んだ　4. 死なれた

12) どうぞ ここで しばらく ______ ください。

1. お待ちて　2. お待ち　3. お待って　4. お待ちに

13) 子どもが 車の 中で あそんで いたら、急に 車が ______だしたそうだ。

1. 動き　2. 動く　3. 動いて　4. 動きて

14) 海へ ______と、海が 好きだった かれを いつも 思い出します。

1. 行こう　2. 行った　3. 行って　4. 行く

15) ちょっと そこに この にもつを ______ ください。

1. おきて　2. おかせて　3. おきさせて　4. おかされて

16) 友だちの 話によると、ヤンさんは 去年 日本語の テストを ______そうだ。

1. うけた　2. うけ　3. うける　4. うけよう

17) へやの 電気は もう ______ ありますか。

1. つけて　2. つけた　3. ついて　4. ついた

18) あの おじいさんは いつも だれかと ______たがって いる。

1. 話しに　2. 話す　3. 話して　4. 話し

【問題Ⅲ】　4×5

19) ______ ことを 言われたら、だれでも おこると 思います。

1. それ　2. そちら　3. そう　4. そんな

20) けさの じしんは ゆうべの じしん______ 大きくなかった。

1. ほど　2. だけ　3. しか　4. でも

21) どんなに 力が ある 人______ この にもつは 重くて 1人では 運べないだろう。

1. のに　2. ので　3. でも　4. なら

22) 急がないと、やくそくの 時間に おくれて ______そうです。

1. し　2. いき　3. おき　4. しまい

23）何か ひつような 物が あれば、私が ご用意＿＿＿。

　1．なります　　2．なさいます　　3．ございます　　4．いたします

【問題Ⅳ】　　4×2

24）A：つぎの 電車は 3時半です。

　B：今、3時25分だから、もうすぐ ＿＿＿ね。

　1．来る はずです　　2．来る つもりです

　3．来て いる ようです　　4．来て いる という ことです

25）A：ねむそうですね。どう したんですか。

　B：けさ、4時半に 子どもに ＿＿＿んです。

　1．起きて やった　　2．起こして やった

　3．起きさせた　　4．起こされた

問題Ⅰ

1）3 [109]　2）1 [102]　3）1 [41]　4）4 [106]　5）2 [46]

6）3 [53]　7）2 [43]　8）1 [25]　9）4 [31]

問題Ⅱ

10）3 [37]　11）4 [41]　12）2 [99]　13）1 [06]　14）4 [87]

15）2 [42]　16）1 [29]　17）1 [11]　18）4 [35]

問題Ⅲ

19）4 [113]　20）1 [60]　21）3 [90/107]　22）4 [15]　23）4 [95/96]

問題Ⅳ

24）1 [79]　25）4 [41]

索引 Index

あ

か

さ

た

な

著者（50音順）
重野美枝
関かおる　神田外語大学　神田外語キャリアカレッジ
錦見静恵　Progress Japanese Academy

イラスト
向井直子

装幀・本文デザイン
山田武

ひとりでできる　初級日本語文法の復習　英語版
Do It Yourself: Beginner-Level Japanese Grammar Review - English Edition

2010年7月20日　初版第1刷発行
2017年9月13日　第 6 刷 発 行

著　者　重野美枝　関かおる　錦見静恵
発行者　藤嵜政子
発　行　株式会社　スリーエーネットワーク
〒102-0083　東京都千代田区麹町3丁目4番トラスティ麹町ビル2F
電話　営業　03(5275)2722
編集　03(5275)2725
http://www.3anet.co.jp/
印　刷　株式会社シナノ

ISBN978-4-88319-541-1 C0081

本書は『完全マスター3級日本語能力試験文法問題対策』（2005年6月刊）を改訂・改題したものです。